Le poulet fait recettes

À Daisy Skye Nairn

Le Poulet
fait recettes

Nick Nairn

HACHETTE

Sommaire

■ Introduction page 6

■ Bouillons et sauces page 12

■ Soupes et entrées page 21

■ Salades page 35

■ Pâtes, riz et nouilles page 47

■ Fritures et beignets page 69

■ Aux épices page 90

■ Au four page 112

■ En cocotte page 127

■ Index page 142

Introduction

Le poulet, nourriture lambda ?

Nous avons réalisé cet ouvrage pour souligner la rapidité et la facilité avec lesquelles le poulet se cuisine, mais aussi pour relever la diversité des préparations auxquelles il se prête. Le poulet offre une large gamme de recettes, depuis la simple volaille rôtie jusqu'aux innombrables variétés de soupes, sautés, fricassées et ragoûts. Cette volaille est au cuisinier ce que la toile est au peintre, estimait Brillat-Savarin. En effet, elle se marie à toutes les saveurs, depuis celles des cuisines méditerranéenne et indienne jusqu'aux arômes du Sud-Est asiatique et des Caraïbes.

Le poulet est aujourd'hui de plus en plus consommé, la tendance actuelle privilégiant les blancs, vendus débités dans les supermarchés. Faciles à préparer et à cuisiner, on les agrémente souvent de sauces prêtes à l'emploi afin de les accommoder le plus rapidement possible. Mais qu'en est-il du reste de l'oiseau ? Si vous regardez les rayons des supermarchés, vous vous rendrez compte que les cuisses, les pilons, les ailes et les foies sont beaucoup plus abordables. Et ne pensez pas que les morceaux les moins chers sont de second choix – pour le goût, les cuisses valent largement les blancs et les foies de poulet sautés sont délicieux.

Choisir le poulet

Quelques indices vous permettent de choisir un bon poulet. Une appellation contrôlée vous permet généralement d'être sûr de la qualité, et le Label rouge vous garantit également une viande contrôlée. La plupart des supermarchés proposent au moins une appellation contrôlée, mais un véritable volailler sera capable de vous offrir un choix plus large, et saura vous conseiller.

Les meilleurs des poulets sont ceux qui sont issus de l'élevage biologique. Nourris pendant 80 à 90 jours, ils sont relativement onéreux. Élevés en liberté, ils sont alimentés aux grains et à l'eau. Ce sont les Rolls-Royce de la basse-cour, et si le goût de la chair est très important pour vous, vous ne serez pas déçu. Il s'agit d'un produit cher, mais qui vaut en général le moindre centime qu'il vous coûte.

Vous trouvez ensuite les appellations contrôlées. Il s'agit de ce que l'on appelle en principe les poulets « élevés en plein air », mais certains passent leur vie plus « en plein air » que d'autres, car ils ont un accès très variable au milieu extérieur. Nourris d'un mélange de grains et de granules, ils sont abattus après 60 à 80 jours de vie. Aux prix les plus élevés, leur viande est d'excellente qualité. Intéressez-vous également aux poulets élevés au maïs – vous les reconnaîtrez à leur chair jaune. Leur alimentation leur donne une saveur particulière, mais méfiez-vous : ils peuvent provenir d'un élevage intensif aussi bien que d'une ferme biologique.

Pour les petits budgets, les poulets de batterie ne sont pas forcément de mauvaise qualité. Au cours des deux dernières décennies, le prix était le facteur déterminant pour définir la qualité d'un poulet, et donc la manière dont il avait été élevé. Un poulet de batterie était alors par définition un pauvre volatile à la viande insipide, aqueuse et farineuse. Ces dernières années, de nouveaux standards ont été imposés en Europe en ce qui concerne le bien-être des volailles, et cela semble avoir un effet bénéfique sur la qualité de la viande, si ce n'est sur les revenus des producteurs. Même si les poulets ne gambadent pas franchement en liberté, les lois réglementent leur densité au mètre carré, ce qui signifie qu'ils peuvent au moins se déplacer. De plus, de nombreux producteurs ont choisi de se conformer aux directives préconisant de limiter l'utilisation systématique des antibiotiques et, plus important, des hormones de croissance. Lorsque vous achetez un poulet produit en France, vous pouvez être sûr que les règles d'élevage en vigueur ont été respectées, depuis la ponte jusqu'à l'abattage. Toutefois, la durée de vie d'un poulet élevé en batterie est courte – aux alentours de 40 jours – et il n'aura jamais la saveur d'une volaille d'origine biologique ou élevée en plein air. Évitez d'en acheter pour les faire rôtir ; mais dans un curry, pourquoi pas ?

Quoi qu'il en soit, nous vous conseillons dans la mesure du possible d'acheter de préférence des poulets labellisés (au moins) ou d'origine biologique, même si vos moyens ne vous permettent pas de vous fournir chez un volailler.

Comment utiliser ce livre

Le but de cet ouvrage est de vous détourner des blancs-de-poulet-au-micro-ondes, accompagnés d'une sauce curry toute prête. Vous disposez de multiples possibilités pour le préparer. Que vous vouliez cuisiner des blancs, un poulet entier ou des cuisses, il existe des modes de cuisson adaptés. Chaque recette est référencée en fonction de sa facilité et de l'occasion à laquelle elle est destinée : apéritif, repas « sans façons » ou repas de fête. Tous ces plats sont faciles à

Désosser un poulet

Pour découper un poulet, il n'est pas nécessaire de couper quelque os que ce soit. Pour prélever les pattes (1), fendez la peau entre le corps et la cuisse. Écartez cette dernière jusqu'à ce que l'os sorte de son alvéole. Mettez le poulet sur le côté et utilisez un couteau bien aiguisé pour couper entre la cuisse et la carcasse. Pour ôter les ailes (2), coupez entre l'articulation de l'aile et le corps. Pour lever les blancs (3) coupez de haut en bas en vous guidant sur le sternum. Changez l'angle de votre couteau lorsque vous rencontrez le bréchet et continuez jusqu'à la carcasse. Incisez entre la carcasse et les blancs pour dégager ces derniers.

réaliser, et nous espérons que ce livre trouvera sa place sur une étagère de votre cuisine.

Les poulets entiers

Un poulet rôti constitue pour beaucoup d'entre nous un des plaisirs de la vie, avec sa peau croustillante et son jus savoureux. À cet égard, la recette du Parfait poulet rôti (voir p. 112) tient ses promesses : elle est… parfaite ! Avec un peu de citron, d'ail et de persil, un poulet rôti constitue le meilleur plat du monde. Mais rien ne vous empêche de le farcir ou de glisser divers condiments sous sa peau, afin de l'agrémenter de toutes les saveurs que vous offre la nature. Toutefois, le mode de cuisson reste toujours le même.

Pour un bon résultat, sortez votre volaille au moins 30 minutes avant la cuisson pour qu'elle soit à température ambiante, et laissez-la toujours reposer dans le four pendant 10 à 15 minutes après la cuisson avant de la découper ; cela permet aux sucs concentrés sous la peau d'imprégner la chair et de l'attendrir. Si vous voulez des blancs tendres et juteux, retournez le poulet durant cette période.

Il y a cependant d'autres manières de cuire un poulet entier, comme le barbecue. Il existe des barbecues fermés qui cuisent grâce à une chaleur indirecte, mais il faut les essayer pour croire aux résultats : la peau est si croustillante qu'elle semble vernie et la chair est imprégnée de savoureux sucs de cuisson.

Vous pouvez également acheter un poulet entier et le débiter en morceaux. Pour le prix approximatif de deux blancs, vous aurez une volaille dont vous pourrez tout utiliser (voir ci-après). N'oubliez pas la carcasse, qui vous permettra de préparer un savoureux bouillon (voir p. 14).

1

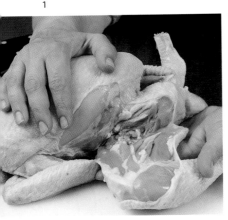

2

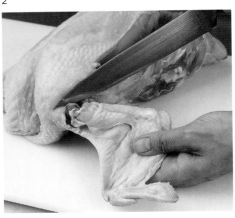

3

Les différents morceaux

Les blancs sont d'une taille idéale pour une portion individuelle, et ils offrent une viande maigre (sans la peau) et sans déchets. Avec leur chair tendre et blanche, ils peuvent être cuisinés comme des steaks et rapidement saisis sur feu vif – prenez garde toutefois de ne pas trop les cuire. Ils sont excellents sautés (voir le Poulet au poivre et à la sauce whisky, p. 72), mais aussi cuits au gril, au barbecue et à la vapeur. Coupés en fines escalopes ou en dés, ils sont parfaits pour les kebabs et les fritures. Faciles à préparer et de plus en plus populaires, ils constituent cependant les parties les plus coûteuses du poulet.

Les cuisses sont plus coriaces que les autres morceaux et sont un peu grasses. Toutefois, elles sont savoureuses, économiques et conviennent tout particulièrement pour les cuissons lentes et les ragoûts. On peut également les cuisiner à la poêle, sur feu doux. Cela prend un peu de temps, mais le résultat est délicieux, avec une peau croustillante et craquante et une chair merveilleusement parfumée (voir la Salade chaude de cuisses de poulet, p. 36).

Les pilons, qui constituent la partie inférieure des pattes, sont également parfaits pour les ragoûts. Ils sont aussi délicieux rôtis ou cuits au barbecue. Dans ce dernier cas, il est conseillé de les faire pocher au préalable pour éviter qu'ils ne soient carbonisés à l'extérieur et crus à l'intérieur. Les pilons s'accommodent bien des épices chinoises, thaïlandaises ou indiennes (voir le Poulet au paprika et au poivre rouge, p. 87). Mangez-les avec vos doigts, ils ne sont tout simplement pas conçus pour les couverts ! Les ailes sont aussi à consommer avec les doigts lors des fêtes entre amis et les barbecues.

Désosser un poulet
(suite)

Pour séparer les pilons des cuisses (4), posez la patte sur le côté avec le pilon à la verticale. Poussez celui-ci vers l'arrière pour que l'os sorte de son alvéole, puis coupez. Pour désosser la cuisse (5), faites une incision de chaque côté de l'os. Faites pivoter, puis recommencez jusqu'à ce que l'os se soulève. Glissez le couteau dessous et libérez l'os à une extrémité. Saisissez-le puis découpez à la base de l'os pour le retirer. Faites de même pour le pilon. Un pilon comportant deux os, prenez soin de glisser votre lame sous les deux. Vous avez ainsi deux pilons, deux ailes, deux cuisses, deux blancs et une carcasse (6).

4

5

6

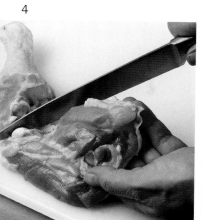

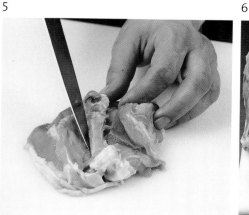

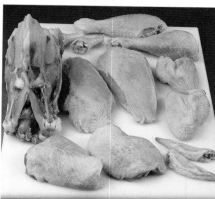

Elles offrent une chair sombre et sont relativement bon marché bien qu'elles soient délicieuses à grignoter. Comme les pilons, les ailes supportent les sauces relevées et sont vraiment meilleures avec une marinade ou des épices. Le Barbecue d'ailes de poulet aux épices (voir p. 111) en est un exemple.

Les foies sont extrêmement bon marché et constituent vraiment l'un des derniers luxes abordables. Beaucoup de consommateurs se méfient des abats, mais les foies de poulet valent la peine d'être goûtés. Ils offrent de nombreuses possibilités de recettes, qu'ils soient à peine poêlés dans une salade chaude ou servis sous forme de mousse dans un pâté. Un détail toutefois : la congélation transforme les foies en une triste bouillie qui peut être utilisée pour les pâtés, à l'exclusion de toute autre préparation ; pour toutes les autres recettes, achetez des foies frais.

Les risques d'intoxication alimentaire

Il existe un risque de contracter la salmonellose en consommant du poulet, c'est pourquoi sa viande doit être bien cuite pour tuer toutes les bactéries. Lavez toujours vos mains et vos ustensiles après avoir manipulé une volaille crue et assurez-vous que vos poulets cuits ne sont pas mis en contact avec des instruments ayant servi à leur préparation car une nouvelle contamination est toujours possible. Enfin, un poulet congelé doit être parfaitement décongelé avant la cuisson, car une chair trop froide n'atteindrait pas la température nécessaire pour que les bactéries soient détruites.

Des vins pour accompagner le poulet

Tout comme le poulet se marie avec une infinité d'ingrédients, il n'existe pas de limite à la variété des vins qui peuvent l'accompagner. Il n'existe pas de règles strictes en la matière, mais les cépages suivants s'accordent bien à sa saveur.

Pour un poulet rôti classique, un grand verre de Chardonnay glacé aux arômes moelleux met en valeur la succulence et la finesse de la viande. Parmi les autres vins blancs à conseiller, citons le Pinot gris d'Alsace, le Viognier ou un Sémillon d'Australie de quelques années. Pour les inconditionnels du vin rouge, les crus les plus légers du Beaujolais ou de Bourgogne font merveille. Les cépages de Grenache du sud de l'Australie, du midi de la France ou d'Espagne constituent également de bons choix.

Bien que les rosés soient souvent conseillés pour accompagner les plats de pâtes ou de riz, certains, comme le Rioja Rosado, se marient très bien avec le poulet. Pour les spécialités à base de riz comme la Paella (voir p. 65) ou le Jambalaya (voir p. 57) qui supportent un peu plus d'acidité, tournez-vous vers les Chablis ou les Sauvignon blancs.

Beaucoup de recettes orientales figurent dans cet ouvrage et lorsqu'un plat comporte des agrumes, des marinades douces ou des aromates exotiques, pensez au Riesling dont le goût rafraîchissant apporte un contraste parfait avec la riche saveur de plats comme le Poulet à l'aigre-douce, par exemple, (voir p. 110).

Pour ce qui est des ragoûts savoureux et roboratifs proposés dans ce livre, revenez aux rouges. Le Coq au vin par exemple (voir p. 128), s'accommode bien d'un vin rouge assez léger, comme un Beaujolais ou un Mâcon rouge.

Quelques conseils

Vous apprenez sans doute quelque chose à chaque fois que vous cuisinez : en fait, la différence entre les grands chefs et les simples mortels tient simplement au fait que les professionnels ont davantage d'expérience. Plus vous prendrez confiance en vous, plus les choses vous sembleront faciles. Vous apprendrez qu'un plat à rôtir ne sert pas qu'à rôtir : vous pouvez vous en servir sur le feu ou pour y frire des beignets. Si vous avez un thermomètre et un wok, vous êtes équipé pour les fritures. Au fil du temps, vous découvrirez quels sont vos ustensiles favoris — vous ne pouvez travailler sans des couteaux de cuisine de bonne qualité et une batterie de casserole en acier inoxydable à fond épais.

Le bouillon de poulet frais est indispensable pour certaines des recettes qui suivent, mais un bouillon-cube de bonne qualité peut suffire pour d'autres plats. Le beurre doit être non salé, sauf précision contraire. Pour l'assaisonnement, choisissez du sel de mer fraîchement moulu et du poivre noir du moulin.

1 Modes de cuisson

Rapide et facile
Préparation : 20 à 30 minutes
Pour 6 personnes

4 portions de poulet désossées (blancs, cuisses, ailes ou pilons)

sel de mer

poivre noir du moulin

huile d'olive

un peu de beurre

un trait de jus de citron

L'une des grandes qualités du poulet est qu'il se prête à de multiples préparations. Il est cependant important de choisir les bons modes de cuisson pour les différents morceaux. Les techniques décrites ci-après ainsi que quelques astuces vous permettront d'obtenir des résultats parfaits en toute circonstance. Quelle que soit la méthode choisie, laissez reposer le poulet 5 à 10 minutes avant de le servir.

Cuisson des blancs Même si vous ne consommez pas la peau du poulet pour cause de régime, il est préférable de cuire les blancs avec leur peau, quitte à l'ôter après. La viande sera moins sèche, plus parfumée et de belle couleur. Salez et poivrez les blancs. Faites chauffer une poêle à fond épais sur feu moyen, puis ajoutez une cuillerée à café d'huile d'olive et un peu de beurre. Quand le beurre est fondu et commence à fumer, ajoutez les blancs, peau vers le bas. Laissez dorer 5 minutes sans remuer, puis retournez la viande, baissez le feu et poursuivez la cuisson 5 à 10 minutes selon l'épaisseur du filet. Vous pouvez achever la cuisson en glissant la poêle dans le four chaud (200 °C, thermostat 6) 10 à 15 minutes – la chair reste bien chaude et la peau merveilleusement croustillante. Piquez un petit couteau pointu dans la partie la plus épaisse de la chair. S'il s'écoule un liquide clair, c'est cuit. Arrosez les blancs d'un trait de citron, placez-les entre deux assiettes chaudes et laissez reposer 5 minutes avant de servir.

Cuisson des cuisses Il n'existe que deux manières de cuire les cuisses : les braiser ou les poêler à feu très doux. Leur chair est très différente de celle des blancs ; plus ferme, au goût plus prononcé, elle nécessite une cuisson plus-longue pour l'attendrir et révéler ses arômes. Pour braiser la viande, il convient de la faire dorer de tous côtés, puis de la laisser mijoter dans un liquide ou une sauce, comme dans la recette du Poulet braisé aux poireaux, bacon et oignons caramélisés (voir p. 131). Pour poêler des cuisses de poulet, faites chauffer une poêle sur feu moyen. Assaisonnez la viande, puis posez-la dans la poêle, peau vers le bas (les morceaux serrés les uns contre les autres). Laissez cuire sans remuer environ 30 minutes, jusqu'à ce que la peau soit dorée et croustillante. Surveillez et baissez le feu en cas de grésillement intempestif. Lorsque les cuisses sont bien dorées, retournez-les et poursuivez la cuisson 2 à 3 minutes. Arrosez d'un trait de jus de citron et secouez la poêle pour bien répartir les sucs. Laissez cuire 3 minutes supplémentaires, et laissez reposer au chaud 5 minutes.

Cuisson des pilons Il n'y a rien de pire que des pilons flasques, pas assez cuits et caoutchouteux. Ces morceaux ont toujours besoin d'un temps de cuisson supérieur à ce que l'on imagine généralement, et il est bon de les faire dorer dans le four après coup pour être sûr qu'ils sont bien croustillants. Préchauffez le four à 200 °C (thermostat 7). Salez et poivrez les pilons de tous côtés. Faites-les dorer de la même manière que des blancs pendant 3 à 5 minutes, sans remuer, puis retournez-les et achevez la cuisson dans le four (environ 20 à 25 minutes selon leur taille).

Cuisson des ailes Il est préférable de les faire cuire dans un barbecue fermé, couvercle clos. Assaisonnez bien les ailes et arrosez-les de marinade ou d'une sauce de votre choix. Faites-les cuire pendant 20 minutes ou plus, en les arrosant de temps à autre. Elles seront succulentes et moelleuses, sans trace de charbon de bois.

2 Sauce tomate maison

| À préparer à l'avance |
| Préparation : 50 minutes |
| Pour 20 cl de sauce |

4 cuillerées à soupe d'huile d'olive

1 gousse d'ail pilée

400 g de tomates en boîte, hachées

2 cuillerées à soupe de feuilles de basilic ciselées

sel de mer fraîchement moulu et poivre noir du moulin

La réussite de cette recette réside dans la cuisson – pour une sauce épaisse et parfumée, 30 à 45 minutes sont un minimum. Préparez-en une bonne quantité, que vous pourrez garder au réfrigérateur pendant 3 semaines dans un bocal hermétique. Cette sauce se prête à toutes les préparations : pizzas, risottos ou pâtes. Elle est aussi délicieuse froide que chaude. Les quantités indiquées suffisent à garnir quatre pizzas de 25 cm ou à assaisonner des pâtes pour quatre personnes.

1 Faites chauffer l'huile d'olive dans une grande poêle et ajoutez l'ail. Laissez revenir ce dernier pendant 1 à 2 minutes, jusqu'à ce qu'il fonde, sans le laisser brunir.

2 Ajoutez les tomates, portez à ébullition et laissez cuire sur feu vif en remuant pour empêcher les tomates de coller. Laissez mijoter pendant 30 à 45 minutes, jusqu'à ce que la sauce ait la consistance souhaitée. Incorporez le basilic et assaisonnez.

NB Utilisez une grande poêle pour que le liquide s'évapore plus rapidement. Si vous trouvez la sauce trop épaisse, ajoutez un peu d'eau. Pour obtenir une version plus crémeuse, incorporez du lait en fin de cuisson.

3 Bouillon de poulet léger

À préparer à l'avance

Préparation : 4 heures

Pour 1,3 litre de bouillon

3 carcasses de poulet

1 grosse carotte coupée en quatre

1 oignon coupé en quatre

2 branches de céleri coupées en deux dans le sens de la longueur

1 oignon non épluché, coupé en quatre

1 petite tête d'ail coupée en deux dans le sens transversal

6 grains de poivre noir

1 feuille de laurier

1 brin de thym

quelques brins de persil ou d'estragon

La préparation d'un bouillon étant assez longue, il est préférable de ne l'entreprendre que si vous avez du temps devant vous. Doublez ou triplez les quantités si vous le pouvez, puis congelez le bouillon. Outre qu'il est plus facile à cuisiner en grande quantité, il est meilleur. Il vaut mieux le congeler immédiatement en été, mais vous pouvez le conserver 48 heures au réfrigérateur durant l'hiver. Un bouillon de poulet digne de ce nom doit prendre une consistance un peu gélatineuse quand il refroidit.

Autrefois, les cuisiniers des grands hôtels préparaient leurs bouillons avec des poulets entiers. Ils obtenaient ainsi un riche brouet qui pouvait être servi seul au début d'un repas – une manière un peu coûteuse aujourd'hui. Si vous avez besoin d'un poulet poché, comme pour le Poulet du jubilé (voir p. 45), remplacez les trois carcasses figurant dans cette recette par un poulet de taille moyenne et suivez les instructions ci-dessous. Couper la tête d'ail dans le sens transversal permet d'obtenir un arôme délicat, sans couvrir le goût.

1 Mettez les carcasses dans une marmite suffisamment grande pour que les os ne la remplissent qu'à demi. Couvrez avec 2,5 litres d'eau froide (trop d'eau diluerait les arômes du poulet) et portez à ébullition. Réduisez immédiatement le feu pour obtenir un frémissement et écumez soigneusement la surface du liquide. Ajoutez tous les autres ingrédients de façon qu'ils reposent sur les carcasses. Laissez frémir très légèrement et écumez à nouveau.

2 Le bouillon frémissant passe désormais à travers la couche de légumes qui fait office de filtre, absorbant la graisse et l'écume. Laissez frémir pendant 2 à 3 heures en goûtant de temps en temps. Lorsque le goût cesse de s'améliorer, arrêtez la cuisson.

3 Versez le bouillon dans une passoire au-dessus d'un grand récipient. Passez-le ensuite au tamis au-dessus d'un grand bocal d'une contenance de 2,5 litres. Couvrez et laissez refroidir en plaçant le bocal dans l'évier rempli d'eau froide.

4 Quand le bouillon est froid, mettez-le au réfrigérateur pour toute une nuit. Écumez la graisse de la surface et répartissez dans des conteneurs en plastique. Congelez le bouillon pour un usage ultérieur.

4 Sauce au vin rouge et aux échalotes

À préparer à l'avance
Préparation : 25 minutes, plus le temps de la marinade
Pour environ 30 cl de sauce

5 échalotes

1 brin de thym frais

30 cl de vin rouge (Cabernet Sauvignon de préférence)

2 cuillerées à soupe de vinaigre de fruits

(par exemple de framboise ou de fruits mélangés)

30 cl de bouillon de poulet (voir p. 14)

$^1/_2$ cuillerée à café de gelée de groseille

***arrow-root* pour épaissir**

Préparez cette sauce riche, à la robe sombre, pour les grandes occasions. Elle se garde au réfrigérateur pendant environ 4 jours et peut être congelée. Vous pouvez l'utiliser pour déglacer un plat ou une poêle après avoir rôti ou poêlé un poulet.

1 Mettez les échalotes et le thym dans un saladier en verre et couvrez avec le vin rouge et le vinaigre de fruits. Couvrez et réservez toute une nuit au réfrigérateur.

2 Le jour suivant, versez cette marinade dans une casserole à fond épais, puis ajoutez le bouillon et la gelée de groseille. Posez sur feu moyen et amenez doucement le liquide à un léger frémissement. Écumez la surface ; ôtez le thym au bout d'une dizaine de minutes. Laissez ensuite frémir jusqu'à ce que la sauce soit réduite de moitié (soit 30 cl environ).

3 Passez la sauce à travers une double couche de mousseline au-dessus d'un bol ou d'un bocal. Utilisez-la seule, épaissie avec un peu d'arrow-root, ou ajoutez-la aux sucs de cuisson d'un poulet en grattant bien à la cuiller en bois pour bien recueillir le jus.

5 Sauce blanche

À préparer à l'avance
Préparation : 20 minutes
Pour 60 cl de sauce

50 g de beurre

25 g de farine

60 cl de lait entier

sel de mer fraîchement moulu
et poivre noir du moulin

La sauce blanche, ou béchamel, est considérée par beaucoup comme une sauce grumeleuse et pâteuse, que l'on associe aux cantines d'écoles plus qu'à la gastronomie. Elle est pourtant délicieuse lorsqu'elle est bien faite. Tout le secret se situe dans la cuisson – et le fait d'utiliser plus de beurre que de farine pour le roux facilite les choses. Cela permet de cuire rapidement la farine qui se mélange facilement au lait, évitant ainsi les grumeaux.

Il existe deux armes dans la bataille contre ces derniers : la passoire et le batteur électrique. Passer une sauce grumeleuse au-dessus d'une casserole propre et la battre rapidement sont des gestes infaillibles pour rattraper les désastres.

La sauce blanche constitue une base à laquelle il est possible d'ajouter divers ingrédients (voir en bas de page).

1 Faites fondre le beurre dans une petite casserole à fond épais. Ajoutez la farine et, à l'aide d'une cuiller en bois, mélangez sur le feu pendant une minute, jusqu'à ce que le mélange bouillonne légèrement. Laissez cuire à feu très doux pendant 5 minutes, sans laisser la sauce prendre couleur.

2 Retirez la casserole du feu, versez le lait en une seule fois et mélangez bien à l'aide d'un fouet métallique.

3 Remettez sur le feu et portez lentement à ébullition, en mélangeant au fouet. Baissez le feu et laissez frémir pendant 30 minutes en remuant de temps en temps pour éviter qu'une peau se forme à la surface. Assaisonnez selon votre goût. Cette sauce refroidie peut être conservée au réfrigérateur et réchauffée (il peut être nécessaire d'y ajouter un peu de lait).

Variantes

Ajoutez 115 g de gruyère râpé et un peu de parmesan si vous l'aimez. Une pointe de moutarde relèvera le goût.

Ajoutez 2 à 3 cuillerées à soupe de moutarde de grains ou de moutarde de Dijon.

Ajoutez 4 cuillerées à soupe d'aromates ciselés.

Ajoutez 6 cuillerées à soupe d'épinards blanchis et hachés avec une pointe de noix muscade.

Ajoutez 30 g d'anchois en boîte égouttés et hachés.

6 Sauce à la crème et au vin blanc

Rapide et facile
Préparation : 15 minutes
Pour 4 pers. (ou 30 cl de sauce)

15 g de beurre

2 échalotes émincées

4 champignons de Paris finement émincés

1 feuille de laurier

3 brins d'estragon frais (ciselez les feuilles et réservez les tiges)

30 cl de vin blanc

30 cl de bouillon de poulet (voir p. 14)

30 cl de crème fraîche épaisse

sel de mer fraîchement moulu et poivre noir du moulin

jus de citron

Cette sauce est idéale lorsque vous n'avez guère le temps de cuisiner. Elle a pour inconvénient de remplir la cuisine de vapeur, mais l'étape de la réduction est essentielle car elle concentre les arômes. Vous pouvez la préparer avec un bouillon-cube et de l'eau. Ajoutez un trait de jus de citron et de la ciboulette ou des feuilles d'estragon ciselées pour servir.

1 Faites fondre le beurre dans une casserole sur feu moyen, puis faites-y revenir les échalotes et les champignons. Lorsqu'ils sont tendres, ajoutez la feuille de laurier et les tiges d'estragon, puis augmentez le feu et versez le vin. Portez à ébullition et laissez cuire à gros bouillons jusqu'à ce que le liquide soit presque évaporé.

2 Ajoutez le bouillon et laissez-le réduire des trois quarts.

3 Ajoutez alors la crème. Portez à ébullition, laissez bouillonner pendant 2 minutes, puis versez la sauce dans une passoire au-dessus d'une casserole propre, en appuyant à l'aide d'une cuiller en bois. Goûtez et assaisonnez. Ajoutez l'estragon et un peu jus de citron selon le goût. Réchauffez avant de servir.

7 Sauce béarnaise

Repas de fête
Préparation : 15 minutes
Pour 4 personnes

2 échalotes très finement émincées

2 cuillerées à soupe de vinaigre de vin blanc

1 cuillerée à soupe d'estragon ciselé

2 jaunes d'œufs

le jus de 1/2 citron

225 g de beurre clarifié (voir ci-dessous), fondu et refroidi

1 pincée de sel

1 pincée de poivre de Cayenne

Cette grande classique accompagne à merveille le poulet – surtout lorsqu'il est frit dans la chapelure. Riche en beurre avec une délicieuse saveur d'estragon, elle est relativement facile à réaliser – veillez seulement à ce que l'eau du bain-marie ne soit pas trop chaude pour ne pas brouiller les œufs. La béarnaise doit être une sauce réservée aux jours de fête, en partie parce qu'elle demande quelques efforts, ensuite parce qu'elle est une véritable mine de cholestérol. Point trop n'en faut…

1 Mettez les échalotes, le vinaigre et l'estragon dans une petite casserole à fond épais. Portez à ébullition et laissez réduire de moitié. Filtrez le liquide. Réservez.

2 Mettez le liquide réservé, les jaunes d'œufs, 2 cuillerées à soupe d'eau et le jus de citron dans un saladier. Posez ce dernier au-dessus d'une casserole d'eau chaude mais non bouillante, et travaillez ce mélange avec un fouet jusqu'à ce qu'il commence à s'épaissir et que le fouet y laisse une trace visible (5 minutes). Ôtez le saladier de la casserole et réservez au chaud.

3 Versez le beurre fondu en un filet régulier dans le mélange aux œufs, en fouettant continuellement. Le beurre doit être ajouté lentement pour bien s'incorporer au contenu du saladier et ne pas se répandre à la surface. Si le mélange devient trop épais, ajoutez une cuillerée à soupe d'eau chaude.

4 Quand tout le beurre est incorporé, ajoutez le poivre de Cayenne et un autre trait de jus de citron. Gardez le mélange au chaud (environ à 37 °C) jusqu'au moment de servir. Soyez attentif : si la sauce chauffe ou refroidit trop, ces ingrédients vont se dissocier. Dans ce cas, versez le mélange en fouettant au-dessus de deux jaunes d'œufs frais, additionnés de 3 cuillerées à soupe d'eau chaude.

Le beurre clarifié

Le beurre clarifié se prépare en faisant chauffer doucement du beurre non salé jusqu'à ce que la graisse se sépare du petit-lait. Laissez frémir le beurre en écumant la surface jusqu'à ce qu'une couche claire se forme au-dessus d'un liquide laiteux. Égouttez prudemment le beurre dans une mousseline en laissant le petit-lait dans la casserole et réfrigérez. Le beurre clarifié se garde une éternité, à condition qu'il soit couvert ou conservé dans un bocal hermétique.

8 Sauce barbecue

À préparer à l'avance
Préparation : 5 minutes
Pour 25 cl de sauce environ

2 gousses d'ail pilées

1 cuillerée à café de thym frais, émietté

2 cuillerées à café de paprika

6 cuillerées à soupe de ketchup

4 cuillerées à soupe de miel liquide

le jus et le zeste finement râpé d'une orange

2 cuillerées à soupe de vinaigre balsamique (ou de vinaigre de xérès)

6 cuillerées à soupe de sauce de soja claire

1 trait de Tabasco

sel de mer fraîchement moulu et poivre noir du moulin

3 cuillerées à soupe de coriandre fraîche, ciselée (facultatif)

Enduisez vos morceaux de poulet de cette sauce lorsqu'ils sont pratiquement cuits. De cette façon, elle adhèrera à la chair et formera un léger glacis sans avoir le temps de brûler. Vous pouvez également la servir à part. Modifiez les proportions des ingrédients selon que vous préférez une sauce plus ou moins douce ou corsée. Elle se garde pendant plus de 2 semaines au réfrigérateur dans un bocal hermétique.

1 Écrasez l'ail et le thym ensemble à l'aide d'un rouleau à pâtisserie (ou dans un mortier).

2 Mettez-les dans une casserole avec tous les autres ingrédients sauf la coriandre. Laissez frémir quelques minutes jusqu'à ce que le liquide épaississe. Incorporez la coriandre, c'est prêt !

9 Sauce vierge

Repas sans façons
Préparation : 15 minutes
Pour 4 personnes

12 cl d'huile d'olive

2 échalotes finement émincées

1 gousse d'ail entière, finement tailladée

4 tomates grossièrement hachées

2 cuillerées à soupe de basilic grossièrement ciselé

½ citron pressé

sel de mer fraîchement moulu et poivre noir du moulin

La sauce vierge, appellation chic pour désigner la sauce à l'huile, est une huile d'olive de qualité imprégnée des saveurs de la Méditerranée. Cette recette se caractérise par l'équilibre de ses arômes. Comme avec toutes les recettes les plus simples, la qualité des ingrédients est essentielle – en l'occurrence celle de l'huile et des tomates. Préférez les petites tomates en grappe ou les tomates cerises. Au restaurant, les chefs pèlent les tomates et les épépinent avant d'en hacher la chair – processus fastidieux davantage destiné au plaisir des yeux qu'à celui des papilles. À la maison, vous pouvez conserver la peau et les pépins. L'huile d'olive contient des acides gras insaturés, ce qui la rend plus saine que le beurre ; il n'en demeure pas moins qu'elle apporte beaucoup de matières grasses, donc de calories…

1 Mettez l'huile d'olive, les échalotes et l'ail dans une petite casserole. Faites chauffer à feu doux sans laisser bouillir, de façon à faire fondre les échalotes sans qu'elles prennent couleur. Retirez du feu après environ 10 minutes et réservez. Vous pouvez procéder à cette opération plusieurs jours à l'avance et conserver la préparation au réfrigérateur.

2 Juste avant de servir, retirez la gousse d'ail, ajoutez les tomates hachées, le basilic et le jus de citron, remettez sur le feu pour réchauffer et assaisonnez de sel et de poivre.

10 Soupe au poulet

Repas sans façons

Préparation : 45 minutes

Pour 4 personnes

1,2 litre de bouillon de poulet (voir p. 14)

40 g de riz longs grains

2 cuillerées à soupe de carotte émincée

2 cuillerées à soupe de céleri émincé

2 cuillerées à soupe d'oignon émincé

2 cuillerées à soupe de poireau émincé (blanc et vert mélangés)

sel de mer fraîchement moulu et poivre noir du moulin

un trait de jus de citron

100 g de chair de poulet cuit, débitée en dés (facultatif)

2 à 3 cuillerées à soupe de persil frais, ciselé

Tout le secret de cette recette est dans le bouillon. Ajoutez un peu de riz et des dés de poulet à cette soupe pour la rendre plus consistante. Vous pouvez aussi la préparer à partir d'un bouillon réalisé avec un poulet entier. Parsemez-la de persil avant de servir.

1 Versez le bouillon dans une grande casserole avec le riz et les légumes. Salez et poivrez légèrement, couvrez et portez à ébullition. Baissez le feu et laissez frémir, à demi couvert, pendant 35 à 40 minutes.

2 Goûtez la soupe et rectifiez l'assaisonnement si nécessaire. Parfumez d'un trait de jus de citron – cela révèle vraiment la saveur du poulet. Ajoutez les dés de poulet. Parsemez de persil et servez bien chaud. Cette soupe est encore meilleure lorsqu'on la laisse refroidir pour la réchauffer le lendemain. Elle se congèle bien.

11 Soupe au maïs et au poulet

Rapide et facile
Préparation : 20 minutes
Pour 6 personnes

3 petits blancs de poulet, sans la peau

1 bouillon-cube au poulet

3 épis de maïs entiers, épluchés

2 poivrons rouges coupés en quatre et épépinés

huile

50 g de beurre

125 g de lardons (*cubetti di pancetta* si possible)

2 oignons finement émincés

25 g de farine

30 cl de lait

400 g de haricots en boîte, égouttés

4 cuillerées à soupe de crème fraîche épaisse

sel de mer fraîchement moulu et poivre noir du moulin

4 cuillerées à soupe de persil (ou de coriandre) finement ciselé

Le maïs doux et le poulet ont de véritables affinités et se marient parfaitement dans cette variante d'un plat américain traditionnel. Vous pouvez bien sûr utiliser du maïs en boîte, mais le maïs frais grillé a une saveur incomparable. Il s'agit vraiment là d'un « repas complet dans un bol ».

1 Disposez les blancs de poulet dans une grande sauteuse, côté peau vers le haut (même si celle-ci a été supprimée), couvrez d'eau froide et émiettez le bouillon-cube. Portez à ébullition et aux premiers bouillonnements, baissez le feu pour obtenir un frémissement. Laissez cuire doucement ainsi pendant 8 à 10 minutes selon la taille des filets.

2 Pendant ce temps, badigeonnez d'huile les épis de maïs et les poivrons et grillez-les au barbecue à chaleur moyenne pendant environ 10 minutes, jusqu'à ce que le maïs prenne une couleur brun foncé et que les poivrons soient tendres. Disposez-les sur un plat.

3 Quand le poulet est poché, sortez-le de l'eau à l'aide d'une écumoire, déposez-le sur une assiette et réservez le liquide de cuisson. Badigeonnez les blancs avec un peu d'huile et achevez la cuisson au barbecue.

4 Égrenez le maïs à l'aide d'un couteau pointu.

5 Faites fondre le beurre dans une casserole, ajoutez les lardons et laissez-les revenir pendant 3 minutes, jusqu'à ce qu'ils commencent tout juste à dorer. Ajoutez les oignons et poursuivez la cuisson pendant 5 minutes environ. Incorporez la farine et remuez sans discontinuer pendant 1 minute. Versez dans la casserole le liquide de cuisson et portez à ébullition en remuant, jusqu'à ce que la soupe épaississe. Ajoutez le lait, les haricots, les grains de maïs et les poivrons émincés. Baissez le feu et laissez frémir pendant 5 minutes.

6 Hachez grossièrement le poulet et incorporez-le à la soupe avec la crème et la moitié du persil ou de la coriandre. Assaisonnez. Laissez frémir encore pendant 5 minutes et servez la soupe chaude, parsemée de persil ou de coriandre.

12 Soupe au poulet et aux nouilles soba

Rapide et facile
Préparation : 12 minutes
Pour 4 personnes

1 cuillerée à soupe d'huile de tournesol

200 g de champignons shiitake, finement émincés

2 gousses d'ail finement hachées

1 cuillerée à soupe de racine de gingembre râpée

1 piment rouge finement émincé, avec ses graines

1,2 litre de bouillon de poulet (voir p. 14)

1 à 2 cuillerées à soupe de sauce de soja claire (japonaise de préférence)

1 à 2 cuillerées à soupe de miel liquide

200 g de nouilles soba

6 oignons verts, finement émincés en diagonale

1 cuillerée à soupe de sauce de poisson thaïlandaise (*nam pla*)

1 citron vert coupé en quatre

sel de mer fraîchement moulu

200 g de poulet cuit, sans la peau, débité en lanières

2 à 3 cuillerées à soupe de ciboulette grossièrement ciselée

fines herbes entières pour garnir

Qu'elles proviennent de Hong Kong, d'Indonésie, du Vietnam ou d'autres pays, les soupes orientales ont toutes en commun un merveilleux équilibre entre des arômes épicés, sucrés, salés et aigres-doux. Ne lésinez pas sur l'assaisonnement car ces soupes ne sont bonnes que lorsqu'elles sont bien relevées. Vous pouvez ajouter du pak choy grossièrement haché en fin de cuisson pour donner du croquant à la soupe.

1 Faites chauffer l'huile de tournesol dans une grande casserole et ajoutez les champignons, l'ail, le gingembre et le piment. Laissez revenir sur feu moyen pendant 1 à 2 minutes, jusqu'à ce que les champignons commencent à s'attendrir.

2 Ajoutez le bouillon et portez à ébullition. Incorporez ensuite une cuillerée à soupe de sauce de soja et une de miel, mélangez et ajoutez les nouilles. Cuisez-les selon les instructions figurant sur l'emballage. Ajoutez du miel et/ou de la sauce de soja en fin de cuisson selon le goût.

3 Quand les nouilles sont presque cuites, ajoutez les oignons verts et le nam pla. Pressez les quartiers de citron vert au-dessus de la soupe, puis plongez-les dans cette dernière.

4 Goûtez et rectifiez éventuellement l'équilibre des saveurs. Ajoutez le poulet et la ciboulette ciselée et faites réchauffer. Répartissez dans des bols chauds en vous assurant que chaque convive aura un quartier de citron vert, puis décorez avec des fines herbes entières.

13 Velouté de poulet

Repas sans façons
Préparation : 35 minutes
Pour 4 personnes

85 cl de bouillon de poulet (voir p. 14)

50 g de riz longs grains

1 branche de céleri finement émincé

1 oignon émincé

une poignée de tiges de persil

2 cuisses de poulet cuites de 175 à 200 g, sans la peau, désossées et débitées en dés

30 cl de crème fraîche épaisse

1/2 cuillerée à café de thym frais, émietté

le zeste finement râpé de 1/2 petit citron

sel de mer fraîchement moulu, poivre noir du moulin et noix muscade râpée

2 cuillerées à soupe de persil finement ciselé

Impossible de comparer ce velouté maison aux versions en boîte que l'on trouve dans le commerce ; celles-ci doivent probablement leur saveur légèrement caramélisée aux fortes températures nécessaires à la conservation. Utilisez un véritable bouillon de poulet – réservez les bouillons-cubes pour d'autres usages. Achetez des cuisses de poulet prêtes à consommer pour cette recette – elles apporteront une saveur incomparable à votre soupe.

1 Mettez le bouillon dans une grande casserole avec le riz, le céleri, l'oignon et les tiges de persil. Portez à ébullition, puis baissez le feu et laissez frémir pendant 20 minutes, jusqu'à ce que le riz soit cuit.

2 Retirez les tiges de persil. Ajoutez les dés de poulet, la crème, le thym et le zeste de citron et assaisonnez avec du sel, du poivre et de la noix muscade râpée. Portez à ébullition, puis baissez le feu et laissez frémir pendant 8 minutes environ.

3 Retirez la casserole du feu et laissez refroidir pendant 5 minutes. Versez ensuite la soupe dans le bol d'un robot ménager et mixez jusqu'à obtenir un mélange lisse. Réchauffez, goûtez et rectifiez l'assaisonnement. Parsemez de persil avant de servir.

NB Pour donner un merveilleux velouté à cette soupe, filtrez-la dans un chinois ou une passoire fine en vous aidant d'une cuiller en bois, afin d'éliminer toutes les fibres et d'obtenir un liquide parfaitement lisse.

14 Cock-a-Leekie

Repas sans façons
Préparation : 2 heures 1/2
Pour 6 personnes

1 poulet prêt à cuire de 1,5 kg (avec ses abattis si possible)

450 g d'ailes de poulet

2 oignons coupés en quatre

900 g de poireaux, fendus et soigneusement rincés

2 feuilles de laurier

1/2 cuillerée à café de poivre noir en grains

12 pruneaux dénoyautés, mi-cuits ou pré-trempés

sel de mer fraîchement moulu et poivre noir du moulin

1 petit bouquet de persil plat

Cette soupe délicieuse nous vient d'Écosse. Elle se prépare en principe avec une volaille relativement âgée (à la chair un peu coriace), que l'on laisse cuire doucement avec des poireaux du jardin pour obtenir un riche bouillon. Les poulets prêts à rôtir que nous trouvons dans les supermarchés sont loin d'offrir la même saveur, aussi est-il nécessaire d'ajouter des ailes pour la corser.

Si vous n'aimez pas les poireaux détrempés dans une soupe, faites-en cuire une partie avec le poulet et ajoutez le reste en fin de cuisson pour la couleur et la texture qu'ils apportent. Par ailleurs, choisissez de préférence des pruneaux d'Agen précuits pour cette recette.

1 Mettez le poulet, ses abattis et les ailes dans une grande casserole ; ajoutez les oignons, la moitié des poireaux, les feuilles de laurier, le poivre en grains et 2,5 litres d'eau froide. Portez à ébullition, réduisez le feu et laissez frémir doucement pendant 1 heure 1/2 à 2 heures.

2 Pendant ce temps, coupez les parties vertes des poireaux restants en fines lanières et réservez-les dans un sac plastique. Faites de même avec les blancs, après les avoir finement émincés.

3 Quand le poulet est cuit, posez-le sur une grille pour le laisser légèrement refroidir. Écumez la surface du bouillon, puis versez ce dernier, avec les ailes, dans une fine passoire au-dessus d'un saladier. Rincez la casserole et transférez le bouillon dans celle-ci en le filtrant à nouveau.

4 Ajoutez les pruneaux et les parties vertes des poireaux restants dans le bouillon, portez à ébullition et laissez frémir pendant 10 minutes environ. Incorporez ensuite les blancs de poireaux et laissez frémir encore pendant 15 minutes. Goûtez, rectifiez l'assaisonnement et ajoutez le persil.

5 Prélevez la quantité de chair de poulet souhaitée et coupez-la en morceaux (sans oublier les ailes). Réservez le reste pour un autre usage. Ajoutez le poulet au bouillon, réchauffez et servez.

15 Soupe épicée aux boulettes de poulet

Recette légère
Préparation : 25 minutes
Pour 4 personnes

1 grosse tige de citronnelle

1,2 litre de bouillon de poulet (voir p. 14)

2 à 3 cuillerées à café de pâte de curry rouge thaïlandaise (selon le goût)

2 échalotes finement émincées

115 g de champignons shiitake émincés

2 cuillerées à café de sucre de palme

2 cuillerées à café de sauce de poisson thaïlandaise (*nam pla*)

jus de 2 citrons verts

sel de mer fraîchement moulu et poivre noir du moulin

POUR LES BOULETTES :

225 g de blanc de poulet sans la peau, grossièrement haché

1 cm de racine de gingembre fraîche, finement râpée

1 échalote grossièrement émincée

1 blanc d'œuf

POUR SERVIR :

2 oignons verts finement émincés

1 piment rouge finement émincé

une poignée de coriandre fraîche

Cette soupe à la fois simple et saine peut constituer un repas complet si l'on y ajoute des boulettes de poulet. La recette de ces dernières est identique à celle de la farce des wontons, et rien ne vous empêche de préparer des wontons pour les incorporer à votre soupe.
Vous pouvez également remplacer le poulet par des crevettes, du porc, ou doubler la quantité de champignons pour un plat plus léger.

1 Pour préparer les boulettes, mettez le poulet, le gingembre, l'échalote, le blanc d'œuf, sel et poivre dans le bol d'un robot ménager et mixez pour obtenir un mélange lisse. Formez 20 boulettes et disposez-les sur une assiette. Couvrez et réservez au réfrigérateur.

2 Pour la soupe, écrasez la tige de citronnelle à l'aide d'un rouleau à pâtisserie et mettez-la dans une casserole avec le bouillon, la pâte de curry et les échalotes. Portez à ébullition. Ajoutez les champignons et laissez frémir pendant 8 à 10 minutes.

3 Incorporez le sucre et le *nam pla* dans la soupe et ajoutez les boulettes avec précaution. Laissez frémir encore pendant 3 à 4 minutes, jusqu'à ce que le poulet soit cuit. Ajoutez le jus de citron vert, et assaisonnez.

4 Répartissez la soupe dans des bols chauds en prévoyant cinq boulettes par convive. Parsemez d'oignon vert, de piment et de coriandre et servez.

16 Terrine de pommes de terre aux foies de poulet et jambon de Parme

Repas de fête
Préparation : 1 heure, plus temps de réfrigération
Pour 12 personnes

2 grosses pommes de terre farineuses de 225 g

8 fines tranches de jambon de Parme

175 g de beurre

2 gousses d'ail finement émincées

3 cuillerées à soupe de persil plat finement ciselé

sel de mer fraîchement moulu et poivre noir du moulin

2 cuillerées à soupe d'huile de tournesol

750 g de foies de poulet frais, parés

25 g de parmesan fraîchement râpé

300 g de feuilles de mini-salades mélangées, assaisonnées d'un filet d'huile d'olive extra vierge

Ce plat constitue l'entrée idéale pour une fête car il peut être entièrement préparé à l'avance et il fait généralement le bonheur de tous les convives. Il est relativement difficile à réaliser – tout réside dans la cuisson des pommes de terre. Ces dernières sont cuites dans leur peau pour rester plus fermes et être plus faciles à couper. Cette entrée fait toujours bel effet. Si vous avez du mal à découper la terrine, servez-vous d'un couteau électrique.

1 Vous devez préparer cette terrine la veille de votre dîner. Dès le matin, faites bouillir les pommes de terre entières dans de l'eau salée, avec leur peau, pendant 30 à 40 minutes. Lorsqu'elles sont tendres, égouttez-les, laissez refroidir et réservez au réfrigérateur pendant quelques heures.

2 Graissez légèrement un moule à terrine de 25 cm x 7,5 cm et profond de 7,5 cm environ, puis tapissez-le d'un film plastique en laissant largement dépasser les bords de ce dernier. Disposez ensuite au fond les tranches de jambon de Parme de façon qu'elles se chevauchent légèrement et débordent de 7,5 cm sur tout le pourtour du moule.

3 Pelez les pommes de terre et coupez-les en tranches de 5 mm d'épaisseur. Faites fondre le beurre avec l'ail dans une petite casserole et laissez chauffer sur feu doux pendant 10 minutes. Ajoutez le persil, assaisonnez bien et laissez refroidir le mélange sans le laisser se figer.

4 Faites chauffer une cuillerée à soupe d'huile de tournesol dans une grande poêle et ajoutez la moitié des foies de poulet. Faites-les frire sur feu vif pendant 2 à 3 minutes en les retournant de temps en temps, jusqu'à ce qu'ils soient bien saisis tout en restant saignants à l'intérieur. Salez et poivrez bien, puis réservez pendant que vous cuisinez le reste des foies.

5 Pour réaliser la terrine, versez une fine couche de beurre fondu au fond du moule et inclinez ce dernier en tous sens jusqu'à ce qu'il ait entièrement nappé le jambon de Parme. Ajoutez ensuite un tiers des pommes de terre, puis la moitié des foies de poulet et parsemez de la moitié du parmesan. Versez à nouveau un peu de beurre fondu et répétez l'opération, en n'oubliant pas d'assaisonner entre les couches. Couvrez avec le tiers des pommes de terre restantes, puis repliez le jambon de Parme sur ces dernières, de façon qu'elles soient complètement couvertes.

6 Repliez le film plastique pour enfermer la terrine. Pressez-la en disposant dessus un autre moule à terrine lesté. Réservez au réfrigérateur pendant toute une nuit.

7 Au moment de servir, dépliez le film plastique et retournez le moule sur une planche. À l'aide d'un couteau bien effilé, découpez la terrine en 12 tranches que vous répartirez sur les assiettes de service. Décorez de feuilles de salade, assaisonnez d'un peu d'huile d'olive et servez.

17 Stracciatella (bouillon de poulet à l'italienne)

Repas de fête
Préparation : 20 minutes
Pour 6 personnes

6 œufs

50 g de parmesan râpé

une bonne pincée de noix muscade

1 cuillerée à café de zeste de citron finement râpé

sel de mer fraîchement moulu et poivre noir du moulin

1,5 litre de bouillon de poulet (voir p. 14) ou de consommé en boîte

un trait de jus de citron

Très simple à réaliser, cette soupe est délicieuse si vous utilisez un bon bouillon de poulet. Les bouillons-cubes ne se prêtent pas à cette préparation, mais un consommé de poulet en boîte peut convenir. Cette soupe est originaire de Rome — stracciatella signifie « lambeaux ». Et si vous y regardez bien, c'est exactement ce que vous avez dans votre bol : des petits lambeaux d'œuf flottant dans votre soupe. Utilisez une fourchette plutôt qu'un fouet pour obtenir la bonne texture.

1 À l'aide d'une fourchette, battez les œufs avec le parmesan, la noix muscade et le zeste de citron râpé. Salez et poivrez.

2 Portez le bouillon ou le consommé de poulet à ébullition. Ajoutez ensuite les œufs par petites quantités à la fois, en fouettant à l'aide d'une fourchette. Quand tous les œufs sont incorporés, baissez le feu et laissez frémir pendant 5 minutes en fouettant de temps en temps avec la fourchette (afin que les œufs ne s'agglutinent pas). Rectifiez l'assaisonnement et ajoutez un trait de jus de citron. Vous devez obtenir un liquide nuageux dans lequel flottent de petits filaments d'œufs cuits. Une soupe roborative pour les jours où vous vous sentez à plat !

18 Bruschetta aux foies de poulet et à la confiture de piment

Repas sans façons
Préparation : 30 minutes
Pour 4 personnes

4 grandes tranches de pain de campagne ou 1 miche de ciabatta coupée en deux et refendue

1 cuillerée à soupe d'huile d'olive

1 gousse d'ail coupée en deux dans le sens de la longueur

450 g de foies de poulet frais

sel de mer fraîchement moulu et poivre noir du moulin

200 g de roquette ou de cresson

1 petit oignon rouge, très finement émincé

POUR LA CONFITURE
DE PIMENT :

400 g de tomates en branches, hachées

1 à 2 piments oiseaux, coupés en deux, épépinés et finement émincés

3 gousses d'ail finement émincées

1 cuillerée à soupe de vinaigre balsamique

350 g de sucre

Voici exactement le genre de déjeuner rapide à préparer en été. Rapide, certes, mais les foies de poulet sont si bons que cela en devient un repas de roi, qui plus est bon marché. Pour faire de bonnes bruschetta, choisissez un pain ferme à la croûte épaisse. Un pain à la mie légère et moelleuse ne convient pas. Avant de faire griller le pain, il est important de le badigeonner d'huile d'olive pour qu'il n'attache pas. La confiture de piment est très facile à préparer ; elle se marie avec tout (ou presque) et se conserve bien au réfrigérateur.

1 Commencez par préparer la confiture de piment. Mettez tous les ingrédients dans une casserole, mélangez bien et portez lentement à ébullition. Baissez le feu et laissez frémir doucement pendant environ 20 minutes, jusqu'à ce que le mélange réduise et épaississe légèrement (il épaissira encore en refroidissant). Versez dans un bocal stérilisé (pour stériliser un bocal, immergez-le dans de l'eau bouillante pendant 5 minutes). Cette confiture se conserve au réfrigérateur pendant plus de 15 jours.

2 Faites chauffer une poêle à fond nervuré sur feu moyen. Badigeonnez les tranches de pain d'huile d'olive et passez-les dans la poêle pendant 1 à 2 minutes de chaque côté pour qu'il devienne croustillant. Attention : avec une poêle trop chaude, votre pain sera noirci avant de dorer. Si vous n'avez pas de poêle à fond nervuré, passez les tranches de pain dans le four pendant 3 à 4 minutes à température modérée. Quand le pain est prêt, frottez chaque tranche avec une gousse d'ail.

3 Faites chauffer une grande poêle. Quand elle est bien chaude, ajoutez l'huile d'olive. Salez et poivrez les foies de poulet, puis ajoutez-les dans la poêle (ils ne doivent pas être trop serrés ; si votre poêle est trop petite, cuisez-les en plusieurs fois). Laissez cuire 1 minute sur chaque face – les foies doivent être légèrement brunis à l'extérieur, mais rosés à l'intérieur.

4 Disposez une tranche de pain sur chaque assiette et répartissez les feuilles de roquette dessus. Parsemez de rondelles d'oignon rouge, puis ajoutez les foies de poulet. Terminez avec quelques cuillerées de confiture de piment et servez.

19 Pâté de foie de poulet

À préparer à l'avance
Préparation : 30 minutes
Pour 6 personnes

300 g de beurre à température ambiante

1 oignon finement émincé

1 carotte finement émincée

1 branche de céleri finement émincée

1 grosse gousse d'ail finement émincée

450 g de foies de poulet

1 cuillerée à soupe de thym citronné, émietté, plus quelques brins pour décorer

un trait de porto, de madère, de xérès ou de vermouth sec

sel de mer fraîchement moulu et poivre noir du moulin

beurre clarifié (voir p. 18)

Le pâté de foie de volaille était jadis très populaire, et l'on peut se demander pourquoi il n'est plus au goût du jour car il est aussi délicieux que facile à préparer. Servez-le avec des pickles ou des câpres à l'apéritif ou en entrée, sur des toasts chauds afin qu'il soit légèrement fondant. Vous pouvez utiliser des foies congelés pour cette recette.

1 Faites fondre 25 g de beurre dans une grande poêle et mettez à revenir sur feu doux l'oignon, la carotte, le céleri et l'ail pendant 20 minutes. Utilisez ensuite une écumoire pour les transférer dans le bol d'un mixeur.

2 Pendant la cuisson des légumes, parez les foies et essuyez-les sur du papier absorbant.

3 Réchauffez la poêle, ajoutez 15 g de beurre et les foies et faites sauter ces derniers à feu vif pendant 3 minutes environ, jusqu'à ce qu'ils soient croustillants à l'extérieur tout en restant rosés à l'intérieur. Ajoutez le thym émietté et un trait de l'alcool de votre choix. Laissez bouillonner pendant 1 minute, puis transférez dans le bol du mixeur avec les légumes. Salez et poivrez.

4 Ajoutez le reste du beurre en morceaux, puis mixez par petits coups jusqu'à obtenir la consistance souhaitée – le pâté doit être lisse tout en gardant une certaine texture.

5 Tassez le pâté dans une terrine ou dans des petits ramequins individuels, lissez la surface, décorez avec des brins de thym et versez dessus une fine couche de beurre clarifié. Ainsi protégé, le pâté se garde bien au réfrigérateur. Servez-le avec du pain grillé, à température ambiante (le pâté glacé est parfaitement insipide).

20 Poulet à l'italienne et salade de poivrons rôtis

À préparer à l'avance
Préparation : 1 heure et 10 minutes, plus le temps de la marinade
Pour 4 personnes

1 poulet fermier de 1,8 kg, avec ses abattis

1 carotte

1 oignon coupé en deux

1 branche de céleri

2 feuilles de laurier

1 bouquet garni

8 grains de poivre noir

1 gros poivron jaune

1 gros poivron rouge

20 cl d'huile d'olive de qualité, plus une cuillerée à soupe pour badigeonner les poivrons

1 gousse d'ail finement émincée

1 petit piment oiseau

100 g de feuilles de persil plat

sel de mer fraîchement moulu et poivre noir du moulin

Voici un de ces plats qui se préparent à l'avance et dont les arômes se développent lorsqu'on les garde au frais. Cette recette italienne médiévale était conçue pour attendrir les chapons avant de les servir. Conservez l'eau dans laquelle vous aurez fait pocher le poulet pour préparer un bouillon. Le mariage du poulet, des poivrons rôtis et de l'huile d'olive est une réussite.

1 Mettez le poulet dans une grande casserole et ajoutez tous les abattis sauf le foie. Ajoutez la carotte, l'oignon, le céleri, le laurier, le bouquet garni et les grains de poivre. Couvrez d'eau froide et portez lentement à ébullition. Baissez le feu et laissez frémir doucement pendant environ 1 heure.

2 Pendant ce temps, préchauffez le four à 190 °C (thermostat 6-7). Coupez les poivrons en deux et disposez-les dans un plat à rôtir, côté coupé vers le bas. Badigeonnez-les d'huile d'olive. Enfournez pendant 30 minutes, jusqu'à ce que les poivrons commencent à se craqueler et à brunir. Mettez-les dans un saladier, couvrez d'un film plastique et réservez pendant 15 minutes. Ôtez alors les peaux, qui doivent se retirer assez facilement. Réservez.

3 Filtrez le bouillon et congelez-le pour un usage ultérieur. Laissez refroidir entièrement le poulet puis prélevez sa chair par gros morceaux, en écartant la peau et les os (vous pouvez utiliser la peau et les os pour enrichir le bouillon ; dans ce cas, laissez frémir ce dernier pendant une heure supplémentaire). Débitez le poulet en lanières que vous placerez dans un grand saladier.

4 Faites chauffer l'huile dans une petite poêle et ajoutez l'ail et le piment. Laissez revenir doucement jusqu'à ce que l'ail libère son arôme, sans le laisser brunir, puis versez l'huile sur le poulet. Mélangez bien, couvrez, et réservez au réfrigérateur pendant plusieurs heures ou toute une nuit.

5 Le jour suivant, incorporez les poivrons et le persil, sel et poivre. Servez à température ambiante.

21 Salade chaude de cuisses de poulet

| Repas sans façons |
| Préparation : 50 minutes |
| Pour 4 personnes |

75 g de daikon (ou *mooli*)

1 petite carotte

4 oignons verts

sel de mer fraîchement moulu
et poivre noir du moulin

4 cuisses de poulet désossées
d'environ 100 g chacune, avec
la peau

1 cuillerée à soupe de jus de
citron

1 petite mangue bien mûre

50 g de pois mange-tout

50 g de germes de soja

une poignée de feuilles de
coriandre

200 g de petites feuilles de
salade mélangées (cresson,
laitue, chicorée, etc.)

50 g de noix de cajou pilées

1 piment rouge coupé en deux,
épépiné et finement émincé

POUR LA VINAIGRETTE
LÉGÈREMENT PIMENTÉE :

3 cuillerées à soupe d'huile de
tournesol

4 cuillerées à soupe de vinaigre
de riz ou de vin blanc

2 cuillerées à soupe de sauce
pimentée douce

1 cuillerée à soupe de *furikake*
(condiment japonais – facultatif)

1 cuillerée à soupe d'huile de
sésame

Tous les ingrédients de cette salade se marient parfaitement et le mode de cuisson des cuisses de poulet est assurément la meilleure. Tout en étant plus abordables que les blancs, les cuisses sont plus goûteuses. La raison en est que les cuissons prolongées donnent des blancs à la chair sèche et insipide, alors qu'elles permettent d'obtenir des cuisses à la peau merveilleusement croustillante et à la chair succulente.

1 Remplissez un saladier d'eau et ajoutez des glaçons. Débitez le mooli et la carotte en lanières à l'aide d'un couteau économe et plongez-les dans l'eau. Coupez les oignons verts en longs filaments et ajoutez-les au contenu du saladier. Réservez au réfrigérateur pendant 20 minutes, puis égouttez bien les légumes avant de les essuyer.

2 Pendant ce temps, faites chauffer à feu doux une poêle anti-adhésive de taille moyenne. Assaisonnez les cuisses et disposez-les dans la poêle, peau vers le bas (elles doivent si possible occuper tout l'espace, sans se chevaucher). Faites dorer les cuisses sans les remuer ni les retourner jusqu'à ce que la peau soit croustillante (cela prend environ 30 minutes). Gardez un œil sur la poêle et baissez le feu en cas de grésillement intempestif. La peau doit dorer lentement. Retournez les cuisses et poursuivez la cuisson pendant 2 à 3 minutes. Arrosez de jus de citron et secouez la poêle pour bien napper les cuisses. Laissez cuire encore pendant 3 minutes, puis réservez dans un endroit chaud pendant 5 minutes.

3 Coupez la mangue en deux et pelez-la à l'aide d'un couteau économe. Débitez chaque moitié en tranches fines dans le sens de la longueur. Mettez les légumes en lanières et la mangue dans un saladier. Ajoutez les pois mange-tout, les germes de soja, la coriandre, les feuilles de salade, les noix de cajou et le piment et mélangez délicatement le tout avec vos mains. Mélangez ensuite tous les ingrédients de la vinaigrette et incorporez une partie de cette dernière dans la salade.

4 Répartissez la salade dans quatre assiettes et dressez les cuisses dessus. Arrosez du reste de la vinaigrette et servez.

22 Salade de poulet à la feta, au romarin et au citron

Repas sans façons

Préparation : 1 heure
et 20 minutes

Pour 4 personnes

1 poulet fermier de 1,5 kg

50 g de beurre

1 citron coupé en quartiers

4 à 5 gousses d'ail partiellement écrasées

sel de mer fraîchement moulu et poivre noir du moulin

175 g de feta débitée en dés

200 g de tomates cerises coupées en deux

les feuilles d'un brin de romarin, finement ciselées

5 cl d'huile d'olive

le zeste d'un citron finement râpé

3 cuillerées à soupe de jus de citron

feuilles de salade assaisonnées à l'huile d'olive ou pain grillé pour servir

Cette recette est idéale pour utiliser des restes de poulet grillé, mais rien ne vous empêche d'en faire rôtir un spécialement pour préparer cette salade, parfaite pour un pique-nique, un déjeuner sur le pouce ou une entrée. Comme toujours, le secret de la réussite repose sur la qualité des ingrédients. Prenez un poulet fermier ou d'élevage biologique, achetez la meilleure feta et utilisez une huile d'olive haut de gamme. Si vous préparez un jour à l'avance, les arômes n'en seront que plus développés.

1 Préchauffez le four à 200 °C (thermostat 7). Sortez le poulet à l'avance afin qu'il soit à température ambiante. Troussez-le et entaillez la peau entre les pattes et les blancs. Passez vos doigts dans ces entailles pour ménager deux espaces dans lesquels vous introduirez 15 g de beurre. Enduisez la peau avec le reste du beurre. Farcissez-la avec les quartiers de citron et les gousses d'ail. Assaisonnez bien et posez le poulet sur une grille au-dessus de la lèchefrite où vous verserez 3 cuillerées à soupe d'eau. Faites rôtir le poulet jusqu'à ce qu'il soit bien doré, en l'arrosant de temps en temps (environ 1 heure).

2 Selon votre four, il vous faudra peut-être couvrir le poulet d'une feuille de papier d'aluminium après 40 minutes de cuisson pour éviter qu'il soit trop grillé en surface. Pour savoir s'il est cuit, piquez une brochette dans la partie la plus charnue de la cuisse : il doit s'écouler un liquide clair.

3 Laissez refroidir, puis détachez les pattes et levez les filets. Prélevez les « sot-l'y-laisse » sur le dos du volatile (les délicieux petits médaillons de chair appréciés des connaisseurs). Débitez la chair des blancs, des cuisses et des pilons en longues lanières, sans oublier la peau.

4 Mettez ces lanières (ainsi que les « sot-l'y-laisse » si vous ne les avez pas déjà avalés) dans un grand saladier, puis ajoutez les dés de feta et les tomates cerises. Mélangez le romarin, l'huile d'olive, le zeste et le jus de citron ; salez et poivrez, puis versez cette vinaigrette sur la salade. Mélangez bien, rectifiez l'assaisonnement et réservez au frais.

5 Servez avec quelques feuilles de salade et un filet d'huile d'olive, ou présentez sur des tranches de pain grillé.

23 Salade César au poulet fumé

| À préparer à l'avance |
| Préparation : 45 minutes |
| Pour 4 personnes |

3 cuillerées à soupe d'huile d'olive

1 gousse d'ail pilée

2 tranches de pain de 5 mm d'épaisseur, sans la croûte, débitées en dés

sel de mer fraîchement moulu et poivre noir du moulin

POUR LA SAUCE :

1 petite boîte d'anchois à l'huile, égouttés et finement hachés

2 gousses d'ail pilées

2 cuillerées à soupe de mayonnaise

8 cl d'huile d'olive

POUR LA SALADE :

2 romaines

8 tomates cerises coupées en deux

1 poulet fumé ou deux blancs de poulet fumé

2 avocats bien mûrs

100 g de parmesan en copeaux

La réussite de cette recette repose essentiellement sur la qualité du poulet fumé. Évitez d'acheter ceux qui semblent enduits d'une couche de vernis brun – certains d'entre eux sont d'ailleurs réellement badigeonnés d'un « agent de sapidité » au goût fumé ! La fraîcheur de la salade est également d'une importance capitale. Utilisez les feuilles centrales d'une romaine (ou d'une laitue si vous n'en trouvez pas), en choisissant les plus croquantes.

1 Faites chauffer une poêle, puis ajoutez l'huile d'olive et l'ail. Laissez revenir sur feu très doux pendant 5 minutes. Versez les dés de pain dans la poêle et faites-les frire doucement, en remuant de temps en temps à l'aide d'une cuiller en bois. Les croûtons doivent être bien dorés au bout de 10 à 15 minutes. Salez et poivrez, puis sortez les croûtons de la poêle et égouttez-les sur du papier absorbant. Jetez l'ail.

2 Pour préparer la sauce, mettez les anchois hachés, l'ail, le jus de citron et la mayonnaise dans un bol. Battez ces ingrédients avec l'huile d'olive, puis avec 3 cuillerées à soupe d'eau froide.

3 Sélectionnez les feuilles de la salade et lavez-les bien. Égouttez-les et séchez-les. Coupez-les grossièrement et mélangez-les avec les croûtons et les tomates.

4 Débitez la chair du poulet en morceaux. Coupez les avocats en deux, ôtez les noyaux et pelez-les. Coupez-les en tranches régulières, puis ajoutez-les à la salade et nappez de sauce. Salez, poivrez, et mélangez délicatement.

5 Répartissez cette salade entre quatre assiettes, parsemez de copeaux de parmesan et servez.

24 Salade de poulet chaud au citron

Repas de fête
Préparation : 20 minutes, plus le temps de la marinade
Pour 4 personnes en entrée

2 blancs de poulet sans la peau

le zeste finement râpé d'un citron non traité

2 cuillerées à soupe d'huile de piment (voir ci-dessous)

1 gousse d'ail pilée

sel de mer fraîchement moulu et poivre noir du moulin

2 cuillerées à soupe d'huile de tournesol

le jus de 1/2 citron

POUR SERVIR :

200 g de feuilles de salade assaisonnées et réfrigérées

copeaux de parmesan

Dans cette recette, il convient de couper la chair du poulet en fines escalopes, pour permettre à la marinade de bien imprégner la chair. Cela signifie qu'il est essentiel de bien mener la cuisson. Utilisez une poêle sensible à la chaleur, sur feu moyen, et cuisez les escalopes 1 minute par face (pas plus, ou la chair va rendre son eau et se dessécher). Au cours de la cuisson, le zeste de citron a tendance à caraméliser, c'est un plus pour la recette mais nécessite que le fruit ne doit pas être traité. Rien ne vous empêche de varier les plaisirs avec un zeste d'orange ou de citron vert...

1 Si vous voulez faire mariner les blancs avant de les cuisiner, levez les filets et parez la viande. À l'aide d'un couteau bien aiguisé, découpez des escalopes de 3 mm d'épaisseur, dans le sens contraire aux fibres. Vous devez obtenir entre 25 et 30 escalopes. Disposez-les dans un petit saladier et râpez directement le zeste de citron sur le poulet. Ajoutez l'huile pimentée et l'ail et poivrez. Couvrez d'un film alimentaire et réservez au réfrigérateur jusqu'au moment de cuisiner la viande.

2 Faites chauffer une grande poêle. Lorsqu'elle est très chaude, ajoutez l'huile de tournesol et le nombre d'escalopes suffisant pour remplir la poêle sans que les tranches se chevauchent. Faites cuire à feu très vif, jusqu'à ce que les bords des escalopes se recroquevillent. Transférez sur une assiette et assaisonnez avant de chauffer à nouveau la poêle pour cuire le reste de la viande. Remettez le poulet cuit dans la poêle et versez le jus de citron. Secouez la poêle pour bien répartir ce dernier.

3 Disposez les feuilles de salade dans quatre bols. Répartissez les escalopes de poulet dans les bols et parsemez de copeaux de parmesan.

Huile pimentée

Cette huile étant très relevée, ne vous en servez pas pour vos fritures ! Coupez 200 g de piments frais en deux et mettez-les dans une casserole. Versez dessus 1 litre d'huile de tournesol et portez à ébullition. Laissez frémir doucement pendant 5 minutes, retirez du feu et laissez refroidir (comptez environ 2 heures). Lorsqu'elle est froide, transférez votre huile dans un récipient en plastique et stockez-la dans un endroit frais pendant 2 à 3 semaines. Filtrez-la dans une passoire avant de l'utiliser pour éliminer les piments. Versez-la dans une bouteille dûment étiquetée.

25 Poulet bang bang

Rapide et facile
Préparation : 30 minutes, plus le temps de refroidissement
Pour 4 personnes

450 g de blancs de poulet, sans la peau

bouillon de poulet ou eau froide

épices, aromates ou vin (voir ci-contre)

POUR LA SAUCE :

3 à 4 cuillerées à soupe de beurre d'arachide (ou de tahini)

2 cuillerées à soupe de sauce de soja claire (japonaise de préférence)

2 cuillerées à soupe de sauce Worcestershire

1 cuillerée à soupe de saké ou de xérès sec

1 cuillerée à café d'huile de sésame

1 cuillerée à café de sucre

1 cuillerée à café de poivre de Sichuan grillé et moulu

1 bonne pincée de poivre de Cayenne ou de piment en poudre

1 petit morceau de racine de gingembre finement râpée

POUR SERVIR :

1 gros concombre

1/2 botte d'oignons verts finement émincés en diagonale

Il existe de nombreuses variantes de ce plat originaire de Sichuan, y compris avec de la mayonnaise et du ketchup. Il tient son nom du « pang », instrument en bois utilisé pour frapper la chair cuite du poulet afin d'en attendrir les fibres. Cette opération a pour but de faciliter la découpe des longues lanières de chair typiques de ce plat. On utilise traditionnellement du tahini (pâte de graines de sésame) dans la sauce, mais le beurre d'arachide fait aussi bien l'affaire. Vous pouvez cuire les blancs de poulet la veille et les laisser mariner plus longtemps dans la sauce – ils n'en seront que plus parfumés. Vous pouvez aussi le servir avec des nouilles asiatiques.

1 Disposez les blancs de poulet, côté peau vers le haut (même si celle-ci a été supprimée), dans une grande casserole peu profonde et couvrez-les d'eau ou de bouillon (à ce stade, vous pouvez ajouter des grains de poivre, des feuilles de laurier, des aromates, du vin ou autres épices de votre choix). Portez à ébullition et au premier bouillon, réduisez le feu pour obtenir un petit frémissement. Laissez pocher pendant 10 à 12 minutes selon l'épaisseur des filets. Transférez ces derniers sur une assiette à l'aide d'une écumoire et laissez refroidir.

2 Mélangez tous les ingrédients de la sauce ; réservez.

3 Brossez le concombre sous l'eau froide pour éliminer toute trace de cire. Tranchez les extrémités, coupez-le en deux dans le sens de la longueur et ôtez toutes les graines. Coupez-le en longues lanières aussi fines que possible ; réservez.

4 Disposez les blancs de poulet sur une planche à découper, couvrez-les d'un film alimentaire et passez dessus un rouleau à pâtisserie pour en attendrir les fibres. Débitez la chair en longues lanières. Ajoutez celles-ci à la sauce et mélangez bien.

5 Dressez le poulet et les concombres sur un grand plat et parsemez d'oignons verts émincés.

26 Couscous au poulet et aux légumes rôtis

Repas de fête
Préparation : 30 minutes
Pour 4 personnes

1 aubergine coupée en deux dans le sens de la longueur, salée et dégorgée

2 courgettes, coupées chacune en 4 tranches dans le sens de la longueur

1 poivron rouge coupé en deux, épépiné et coupé en 4 lanières

huile d'olive pour la cuisson

sel de mer fraîchement moulu et poivre noir du moulin

4 blancs de poulet sans la peau

250 g de semoule à couscous

2 cuillerées à soupe de coriandre ciselée

3 cuillerées à soupe d'huile d'olive

le jus de 1 citron

Cette recette, d'un coût raisonnable et facile à réaliser, peut convenir pour un déjeuner rapide comme pour un dîner un peu chic. La semoule est ici parfumée de tous les arômes de la Méditerranée – légumes grillés, citron et aromates. N'hésitez pas à ajouter de l'huile d'olive au couscous avant de le servir afin qu'il soit bien moelleux. Le plus gros du travail peut être réalisé à l'avance, y compris le couscous qui se réchauffe facilement dans le four, ou mieux, au micro-ondes. Pour un dîner, accompagnez ce plat d'un soupçon de sauce vierge (voir p. 20) afin de le rendre un peu plus sophistiqué.

1 Faites chauffer une poêle au fond nervuré. Badigeonnez tous les légumes d'huile d'olive et faites-les griller par petites quantités environ 5 minutes de chaque côté, jusqu'à ce qu'ils soient tendres et striés de brun. Salez et poivrez ; réservez pendant que vous cuisinez le poulet.

2 Badigeonnez les blancs de poulet d'huile d'olive et assurez-vous que la poêle est bien chaude. Faites-les cuire pendant 2 minutes sans y toucher, puis faites-les pivoter à 90° et poursuivez la cuisson pendant 2 minutes afin d'obtenir un motif en croisillons. Retournez la viande et faites de même de l'autre côté. Réservez sur une assiette chaude.

3 Pour préparer le couscous, versez de l'eau bouillante sur la semoule et couvrez avec un film alimentaire. Au bout de 5 minutes, retirez le film et égrenez le couscous à l'aide d'une fourchette. Coupez les légumes grillés en dés et mélangez-les au couscous avec la coriandre, 3 cuillerées à soupe d'huile d'olive et le jus de citron ; salez et poivrez.

4 Débitez chaque blanc de poulet en quatre morceaux. Répartissez le couscous dans quatre assiettes et dressez le poulet dessus.

27 Poulet du jubilé

Rapide et facile
Préparation : 25 minutes
Pour 4 personnes

La chair débitée en morceaux d'un poulet poché de 1,3 kg (voir p. 14)

POUR LA SAUCE :

1 petit oignon émincé

2 cuillerées à café d'huile végétale

2 cuillerées à café de pâte de curry

1/2 cuillerée à café de purée de tomates

1 petite feuille de laurier

8 cl de vin rouge

2 cuillerées à café de confiture d'abricot

1 rondelle de citron

1 cuillerée à café de jus de citron

sel de mer fraîchement moulu et poivre noir du moulin

30 cl de mayonnaise

2 cuillerées à soupe de crème fraîche épaisse

Ce plat très populaire en Grande-Bretagne est délicieux lorsqu'il est bien préparé. Malheureusement, il existe de piètres versions de cette recette, créée il y a 50 ans par deux cuisinières de la *Cordon Bleu School* de Londres à l'occasion du jubilé de 1953. Nous donnons ici la recette originale du plat.

1 Pour préparer la sauce, faites fondre doucement l'oignon dans l'huile pendant 4 minutes environ. Ajoutez la pâte de curry et poursuivez la cuisson pendant 1 minute. Ajoutez la purée de tomates, 3 cuillerées à soupe d'eau, la feuille de laurier, le vin rouge, la confiture d'abricot, la rondelle de citron et son jus, sel et poivre. Laissez frémir pendant 8 minutes.

2 Filtrez le mélange dans une passoire, en appuyant avec une cuiller en bois. Ajoutez cette sauce à la mayonnaise, avec la crème fraîche légèrement fouettée.

3 Dressez le poulet sur les assiettes, nappez de sauce et servez avec une salade de votre choix. (Dans la recette originale, il s'agissait d'une salade de riz.)

28 Salade de foies de poulet aux pommes de terre et aux lardons

Repas sans façons
Préparation : 40 minutes
Pour 4 personnes

350 g de foies de poulet frais

2 cuillerées à soupe d'huile d'olive

2 cuillerées à soupe de thym frais, émietté

sel de mer fraîchement moulu et poivre noir du moulin

350 g de pommes de terre à chair cireuse

260 g de lardons (*cubetti di pancetta*)

3 cuillerées à soupe de vinaigre balsamique ou de vinaigre de xérès

3 cuillerées à soupe de persil ciselé

200 g de salade mélangée pour servir

Choisissez des foies frais, fermes et d'une belle teinte sombre pour cette recette. Il est important d'avoir une poêle très chaude et de ne pas laisser bouillir les foies. Cuisez-les par petites quantités, afin qu'ils soient croustillants à l'extérieur tout en restant rosés et juteux à l'intérieur.

1 Parez les foies en ôtant tous les nerfs et les parties décolorées. Essuyez-les sur du papier absorbant. Mettez-les dans un petit saladier avec l'huile d'olive, la moitié du thym émietté, sel et poivre. Laissez mariner pendant 15 minutes.

2 Pendant ce temps, faites bouillir les pommes de terre dans l'eau salée pendant 12 à 15 minutes. Quand elles sont tendres, égouttez-les et coupez-les en tranches fines. Remettez ces dernières dans la casserole chaude et couvrez.

3 Faites chauffer une poêle anti-adhésive et faites frire les lardons jusqu'à ce qu'ils soient dorés et croustillants. Réservez-les au chaud sur une assiette. Chauffez à nouveau la poêle jusqu'à ce qu'elle fume et ajoutez les foies marinés. Faites-les frire sur feu très vif en les retournant pendant environ 3 minutes jusqu'à ce qu'ils soient croustillants en surface tout en restant tendres et juteux à l'intérieur. Réservez au chaud sur une assiette.

4 Mettez le vinaigre, le persil et le reste du thym dans la poêle, assaisonnez et portez à ébullition en déglaçant le fond à l'aide d'une cuiller en bois. Laissez réduire de moitié, puis ajoutez les lardons, les foies et les tranches de pommes de terre. Mélangez bien. Répartissez les feuilles de salade sur quatre assiettes, dressez votre mélange dessus et servez immédiatement.

29 Poulet aux pennes, au pesto et à la roquette

Rapide et facile
Préparation : 20 minutes
Pour 4 personnes

400 g de pennes sèches

450 g de chair de poulet cuit

6 cuillerées à soupe de pesto (voir recette en bas de page)

200 g de feuilles de roquette

sel de mer fraîchement moulu et poivre noir du moulin

75 g de parmesan râpé

feuilles de basilic pour servir

Voici un plat aussi simple que rapide à réaliser. Le pesto peut se préparer en grandes quantités et se congeler dans des bacs à glaçons. Il se garde pendant plus d'un an au congélateur. L'intérêt de cette recette réside dans l'ajout de la roquette au dernier moment, qui apporte une texture incomparable à ce plat.

1 Faites bouillir les pâtes dans une grande quantité d'eau salée, en vous conformant aux instructions figurant sur le paquet.

2 Pendant que les pâtes cuisent, coupez la chair du poulet en morceaux.

3 Quand les pâtes sont *al dente*, égouttez-les en laissant la valeur de 4 cuillerées à soupe d'eau dans la casserole et remettez-y les pâtes. Ajoutez le poulet, couvrez et remettez sur feu très doux pendant 1 à 2 minutes pour réchauffer la viande (c'est la raison pour laquelle les pâtes doivent être vraiment *al dente* : elles finissent de cuire durant cette étape).

4 Ôtez le couvercle, ajoutez le pesto en mélangeant bien, puis incorporez les feuilles de roquette ; mélangez et laissez-les blanchir pendant 1 minute. Salez et poivrez. Servez dans des bols avec du parmesan râpé et du basilic. Dégustez sans attendre.

Recette du pesto

Mettez 3 gousses d'ail grossièrement émincées et 20 cl d'huile d'olive extra vierge dans le bol d'un robot mécanique. Mixez, puis raclez les parois du bol à l'aide d'une spatule. Ajoutez 75 g de basilic frais, de persil plat et de feuilles de roquette et mixez jusqu'à ce que le mélange soit lisse. Incorporez 50 g de pignons de pin et mixez pendant quelques secondes. Ajoutez 50 g de parmesan râpé, assaisonnez et mixez encore pendant quelques secondes (pas trop longtemps : la consistance doit rester légèrement granuleuse). Transférez dans un bocal propre, recouvrez d'un film d'huile d'olive et stockez au réfrigérateur. Dans ces conditions, le pesto se garde pendant plus de deux semaines.
À chaque fois que vous l'utilisez, lissez sa surface à l'aide d'une cuiller et ajoutez un peu d'huile d'olive. Il restera frais et ne noircira pas.

30 Fettuccine au poulet, aux lardons et aux champignons

Repas sans façons
Préparation : 25 minutes
Pour 4 personnes

2 cuillerées à soupe d'huile d'olive

130 g de lardons (*cubetti di pancetta*)

1 oignon finement émincé

1 grosse gousse d'ail pilée

225 g de champignons de couche, émincés

1 verre de vin blanc sec

1 verre de bouillon de poulet (voir p. 14 – vous pouvez aussi utiliser 1/2 bouillon-cube au poulet dissous dans 1 verre d'eau bouillante)

15 cl de crème fraîche épaisse

1 cuillerée à soupe d'estragon finement ciselé

sel de mer fraîchement moulu et poivre noir du moulin

400 g de fettuccine sèches

450 g de chair de poulet cuite, débitée en dés

Des ingrédients classiques pour un plat familial qui comblera petits et grands. Le poulet, les champignons, l'ail et la crème fraîche se marient en effet à merveille. La pointe d'estragon ajoutée à la sauce fait toute la différence.

1 Faites chauffer l'huile dans une poêle, ajoutez les lardons et laissez-les frire jusqu'à ce qu'ils commencent à se recroqueviller. Ajoutez l'ail et l'oignon, poursuivez la cuisson pendant 2 à 3 minutes, jusqu'à ce que l'oignon blondisse. Ajoutez alors les champignons et laissez cuire sur feu moyen pendant 3 à 4 minutes en remuant.

2 Ajoutez le vin et portez à ébullition pour qu'il s'évapore, puis versez le bouillon. Portez à ébullition, ajoutez la crème, puis portez à nouveau à ébullition. Baissez le feu et laissez frémir jusqu'à ce que la sauce épaississe. Incorporez l'estragon, salez et poivrez ; réservez.

3 Faites cuire les fettuccine en vous conformant aux instructions figurant sur le paquet. Égouttez en laissant la valeur de 2 à 3 cuillerées d'eau dans la casserole. Remettez les pâtes dans celle-ci avec le poulet. Couvrez et laissez cuire à feu doux pendant 2 à 3 minutes pour réchauffer le poulet. Ajoutez la sauce, mélangez bien et servez immédiatement.

31 Pâtes au poulet grillé, aux courgettes et au parmesan

Repas de fête

Préparation : 45 minutes

Pour 4 personnes

450 g de blancs de poulet, sans la peau

1 à 2 cuillerées à soupe d'huile d'olive

sel de mer fraîchement moulu et poivre noir du moulin

225 g de courgettes coupées en tranches épaisses dans le sens de la diagonale

20 cl de vin blanc sec

30 cl de crème fraîche épaisse

le jus et le zeste finement râpé d'un citron

50 g de parmesan râpé

2 cuillerées à soupe de persil plat et 2 de basilic, finement ciselés

400 g de tagliatelles sèches ou autres pâtes plates

Une recette sublime, mais pas vraiment basses calories ! Réalisée à partir de quelques ingrédients – poulet, courgettes, parmesan et crème – elle se cuisine rapidement et se révèle encore meilleure si la cuisson est menée au barbecue. Les courgettes notamment prennent une saveur fumée qui s'accorde parfaitement à celle du poulet et de la crème citronnée. Vous pouvez parsemer les pâtes de petits lardons grillés avant de servir.

1 Utilisez une poêle au fond nervuré si vous n'avez pas de barbecue. Badigeonnez les blancs de poulet avec un peu d'huile d'olive et assaisonnez. Pour obtenir le motif en croisillons caractéristique du barbecue, laissez cuire la viande pendant 3 à 4 minutes sans y toucher, puis faites-la pivoter à 90° et poursuivez la cuisson pendant 3 minutes avant de faire de même de l'autre côté. Réservez sur une assiette chaude pendant 5 minutes.

2 Badigeonnez les tranches de courgette d'huile d'olive et faites-les griller pendant 2 minutes de chaque côté. Réservez sur une assiette.

3 Déglacez la poêle avec le vin et versez-le dans une petite casserole. Ajoutez la crème et le zeste de citron et portez à ébullition en remuant jusqu'à ce que la sauce épaississe. Salez et poivrez, puis ajoutez le parmesan, du jus de citron selon le goût, le persil et le basilic.

4 Faites cuire les pâtes en vous conformant aux instructions figurant sur le paquet. Lorsqu'elles sont *al dente*, égouttez-les en laissant 2 à 3 cuillerées d'eau dans la casserole, puis remettez-les dans celle-ci. Ajoutez la sauce au parmesan et mélangez.

5 Pour servir, vous pouvez couper le poulet en tranches épaisses et le mélanger aux pâtes avec les courgettes, ou répartir les pâtes dans les assiettes et dresser dessus les courgettes et le poulet. Parsemez de parmesan râpé et servez immédiatement.

32 Strozzapreti au poulet et à la sauce tomate

Repas sans façons
Préparation : 45 minutes
Pour 4 personnes

4 blancs de poulet sans la peau

400 g de strozzapreti ou autres pâtes coudées

huile d'olive pour la friture

sel de mer fraîchement moulu et poivre noir du moulin

feuilles de basilic pour décorer

POUR LA SAUCE TOMATE :

3 cuillerées à soupe d'huile d'olive

600 g de tomates en branches, bien mûres

2 grosses gousses d'ail émincées

1 à 2 cuillerées à soupe de vinaigre balsamique

1 bonne pincée de sucre

6 à 8 grandes feuilles de basilic

Avec du vinaigre balsamique et de l'ail, les tomates rôties prennent un arôme extraordinaire. Utilisez de préférence des tomates en branche. Bien charnues et contenant moins d'eau, elles rôtissent mieux que les autres. Vous pouvez préparer plus de sauce que nécessaire et congeler le surplus, surtout en saison. Cuisinez le poulet pendant que la sauce cuit, afin de l'ajouter aux pâtes au dernier moment. Avec leur forme caractéristique, les strozzapreti retiennent très bien la sauce. L'eau à la bouche, vous connaissez ?

1 Commencez par préparer la sauce. Préchauffez le four à 200 °C (th. 7). Versez l'huile d'olive dans un grand plat allant au four. Coupez les tomates en deux et disposez-les dans le plat, face tranchée vers le bas. Parsemez d'ail haché, arrosez de vinaigre balsamique, salez et poivrez, enfournez 30 minutes, jusqu'à ce que le bord des tomates soit un peu noirci et que celles-ci commencent à s'affaisser.

2 Sortez le plat du four. Pour une sauce lisse, transférez le tout dans le bol d'un mixeur. Ajoutez le sucre et le basilic, mixez puis filtrez dans une casserole propre. Pour une sauce épaisse, écrasez les tomates et l'ail avec le sucre et le basilic dans le plat de cuisson. Rectifiez l'assaisonnement et gardez au chaud.

3 Parez les blancs de poulet et prélevez les filets. À l'aide d'un couteau effilé, coupez ces derniers en tranches de 3 mm dans le sens contraire aux fibres de la viande. Vous devez obtenir 25 à 30 escalopes. Couvrez et réservez au réfrigérateur.

4 Faites cuire les pâtes *al dente*. Égouttez-les en réservant l'équivalent de 2 cuillerées d'eau dans la casserole. Remettez les pâtes dans celle-ci et ajoutez la sauce. Couvrez et réservez au chaud.

5 Faites chauffer une grande poêle. Lorsqu'elle est très chaude, ajoutez 1 cuillerée à soupe d'huile d'olive et une partie des escalopes de poulet (elles ne doivent pas se chevaucher). Lorsque leurs bords commencent à se recroqueviller, transférez-les sur une assiette et gardez-les au chaud pendant que vous cuisinez le reste, en ajoutant un peu d'huile si nécessaire.

6 Répartissez les pâtes entre quatre bols, dressez le poulet dessus, parsemez de basilic et servez.

33 Lasagnes au poulet

Repas sans façons
Préparation : 50 minutes
Pour 4 à 6 personnes

60 cl de sauce blanche (voir p. 16)

125 g de parmesan râpé

sauce tomate maison (voir p. 13)

huile d'olive

450 g de poulet cuit, coupé en morceaux

450 g de lasagnes fraîches

salade verte pour servir

C'est le type de plat à poser sur la table pour que les convives se servent à volonté. Il n'est pas vraiment long à préparer si vous avez cuisiné les sauces à l'avance. Vous n'avez alors besoin que de lasagnes fraîches, d'un reste de poulet et de parmesan. L'intérêt d'utiliser des lasagnes fraîches c'est qu'elles n'ont pas besoin d'être précuites. Vous pouvez préparer ce plat le soir et le cuire le lendemain, et il est encore meilleur lorsqu'on le réchauffe. Essayez de faire des couches de sauce bien fines pour ne pas détremper votre pâte.

1 Préchauffez le four à 190 °C (thermostat 6-7). Faites doucement réchauffer la sauce blanche et incorporez dedans la moitié du parmesan.

2 Badigeonnez d'huile d'olive un plat à lasagnes de 20 x 28 cm et couvrez le fond de morceaux de poulet. Étalez une couche de sauce tomate dessus, puis couvrez d'une feuille de lasagne. Ajoutez une couche de sauce blanche et parsemez de parmesan râpé. Recommencez avec une couche de poulet et répétez ainsi jusqu'en haut du plat, en terminant avec une couche de lasagne surmontée de sauce blanche et de parmesan.

3 Enfournez pendant 30 minutes jusqu'à ce que les lasagnes soient bien dorées, puis sortez du four et laissez reposer pendant 5 minutes avant de servir. Posez le plat de cuisson sur la table et servez avec une grosse salade verte.

34 Poulet à la bolognaise

À préparer à l'avance
Préparation : 1 heure et 20 minutes
Pour 4 à 6 personnes

2 cuillerées à soupe d'huile d'olive

1 oignon finement émincé

1 carotte finement émincée

1 branche de céleri finement émincée

2 gousses d'ail finement émincées

450 g de poulet haché (la chair des cuisses de préférence)

$1/2$ cuillerée à café de basilic séché

$1/2$ cuillerée à café de thym séché

$1/2$ cuillerée à café de marjolaine séchée

sel de mer fraîchement moulu et poivre noir du moulin

15 cl de vin blanc

200 g de tomates en boîte, hachées

1 cuillerée à café de sucre

1 bouillon-cube de poulet, dissous dans 30 cl d'eau chaude

450 g de spaghettis

parmesan râpé pour servir

feuilles de basilic pour garnir

La chair du poulet étant maigre, cette recette constitue une bonne alternative à la sauce bolognaise classique. Essayez de hacher vous-même la chair de cuisses de poulet, elle est plus goûteuse que celle des blancs et convient bien pour cette sauce assez riche. Remplacez le vin rouge par du vin blanc pour la rendre plus légère et utilisez (une fois n'est pas coutume) des aromates séchés dont les arômes se développent durant la cuisson. Cette sauce se congèle parfaitement.

1 Faites chauffer l'huile d'olive dans une casserole et ajoutez l'oignon, la carotte, le céleri et l'ail. Laissez revenir les légumes pendant 10 minutes, jusqu'à ce qu'ils commencent à prendre couleur.

2 Ajoutez le poulet haché et laissez cuire sur feu moyen en remuant continuellement pour bien émietter la viande. Ne cherchez pas à faire brunir celle-ci, car elle durcirait.

3 Ajoutez le basilic, le thym et la marjolaine, une bonne quantité de poivre et du sel. Incorporez le vin, les tomates, le sucre et le bouillon de poulet. Portez à ébullition, puis baissez le feu et laissez frémir le plus doucement possible pendant environ 1 heure. Vous pouvez couvrir partiellement la casserole en posant une cuiller en bois sur l'ouverture et en installant le couvercle dessus. Vérifiez régulièrement que la sauce ne réduit pas trop et n'épaissit pas. Ajoutez un peu d'eau si c'est le cas.

4 Faites cuire les spaghettis en vous conformant aux instructions figurant sur le paquet. Égouttez-les en laissant 2 cuillerées à soupe d'eau dans la casserole. Remettez les spaghettis dans celle-ci et ajoutez la sauce (l'eau permet à cette dernière de mieux napper les pâtes). Servez dans des bols chauds avec du parmesan et des feuilles de basilic.

35 Risotto au poulet et aux aromates

Rapide et facile
Préparation : 25 minutes
Pour 4 personnes

2 cuillerées à soupe d'huile d'olive

1 oignon finement émincé

1 gousse d'ail finement émincée

400 g de riz

15 cl de vin blanc

environ 1,2 litre de bouillon de poulet chaud

350 g de poulet cuit, coupé en dés

50 g de beurre

4 cuillerées à soupe de parmesan râpé

1 cuillerée à café de zeste de citron finement râpé

sel de mer fraîchement moulu et poivre noir du moulin

3 à 4 cuillerées à soupe de marjolaine, de persil et de thym citronné, mélangés

parmesan râpé pour servir

Voici l'une des meilleures façons d'utiliser un reste de poulet. Les aromates doivent être frais ; utilisez un mélange de marjolaine, de persil et de thym citronné pour leurs arômes frais et subtils. Vous pouvez ajouter des petits pois surgelés à la recette, ou des haricots verts revenus à l'huile d'olive. Le tout est de ne pas oublier le parmesan ! Utilisez du riz « spécial risotto » (de préférence *Vialone Nano*, mais l'*arborio* est plus facile à trouver) et du parmesan de qualité (estampillé si possible *Parmigiano Reggiano*). Préparez un bouillon léger à l'aide d'un bouillon-cube.

1 Faites chauffer l'huile dans une grande casserole. Ajoutez l'oignon et l'ail et laissez revenir sur feu moyen jusqu'à ce que l'oignon devienne translucide. Ajoutez le riz et poursuivez la cuisson en remuant pour bien napper les grains, jusqu'à ce qu'ils deviennent transparents.

2 Ajoutez le vin et laissez bouillir rapidement en remuant pendant 1 minute, jusqu'à ce que le liquide soit pratiquement évaporé. L'alcool s'évapore, ne laissant que les arômes concentrés du vin dans le plat. Ajoutez alors la moitié du bouillon chaud et portez à ébullition en remuant. Réduisez à un frémissement et laissez cuire le risotto jusqu'à ce que tout le liquide soit absorbé.

3 Ajoutez le reste du bouillon et poursuivez la cuisson en remuant régulièrement pendant 20 minutes environ, jusqu'à ce que le riz prenne une consistance crémeuse.

4 Ajoutez le poulet, le beurre, le parmesan, le zeste de citron, le sel, le poivre et une bonne partie des aromates et poursuivez la cuisson pendant 2 minutes. (Ajoutez une autre louche de bouillon si la consistance du risotto est trop sèche.) Parsemez de parmesan et du reste des aromates, et servez immédiatement.

36 Risotto aux foies de poule[t] au bacon et à la ciboulette

Repas sans façons
Préparation : 40 minutes
Pour 4 personnes

10 cl d'huile d'olive

1 oignon finement émincé

1 à 2 gousses d'ail pilées

225 g de riz *arborio*

15 cl de vin blanc

sel de mer fraîchement moulu et poivre noir du moulin

90 cl de bouillon de poulet (voir p. 14)

4 tranches de bacon fumé

50 g de beurre

450 g de foies de poulet, parés

60 g de parmesan râpé

ciboulette finement ciselée et quelques tiges entières pour garnir

Le moelleux des foies de poulet associé à la saveur salée du bacon et à la consistance crémeuse du riz fait merveille. Faites griller le bacon jusqu'à ce qu'il soit bien croustillant pour jouer sur les contrastes. Accompagnez ce plat d'une simple salade verte, il est roboratif !

1 La base du risotto peut être préparée à l'avance. Faites chauffer l'huile d'olive (en en réservant 1 cuillerée à soupe) dans une grande poêle, ajoutez l'oignon et l'ail et laissez fondre sur feu moyen pendant 6 à 8 minutes.

2 Ajoutez le riz et mélangez jusqu'à ce qu'il ait absorbé toute l'huile et devienne translucide. Ajoutez le vin, poivrez et laissez cuire sur feu moyen pendant environ 4 minutes, jusqu'à ce que le vin soit évaporé.

3 Versez 75 cl de bouillon dans la poêle et portez à ébullition en remuant de temps en temps. Réduisez le feu et laissez frémir 10 minutes en remuant.

4 Versez le contenu de la poêle dans une grande passoire au-dessus d'un saladier pour séparer le riz de son liquide de cuisson. Réservez ce dernier, puis mettez rapidement le riz sur une plaque et étalez-le en une couche régulière. Laissez-le refroidir, puis mettez-le au réfrigérateur dans un récipient en plastique.

5 Faites chauffer une poêle. Quand elle est bien chaude, ajoutez le reste d'huile d'olive et faites frire le bacon sur feu moyen jusqu'à ce qu'il soit bien croustillant. Égouttez sur du papier absorbant.

6 Ajoutez 20 g de beurre dans la poêle. Lorsqu'il commence à fumer, assaisonnez les foies de poulet et ajoutez-les dans la poêle. Faites-les frire pendant 1 minute de chaque côté environ, jusqu'à ce qu'ils soient bruns à l'extérieur tout en restant rosés à l'intérieur. Transférez-les dans un plat et gardez-les au chaud.

7 Mélangez le riz, le reste du bouillon et le liquide de cuisson dans une casserole. Portez doucement à ébullition et laissez frémir pendant 4 minutes environ. Ajoutez le reste du beurre, le bacon finement émincé, le parmesan et la ciboulette. Rectifiez l'assaisonnement, mais soyez parcimonieux avec le sel car le bacon et le parmesan sont déjà salés. Répartissez le risotto dans des bols et dressez dessus les foies de poulet. Décorez de tiges de ciboulette.

Riz basmati au poulet et aux herbes

Pour 4 personnes

2 cuillerées à soupe d'huile de tournesol

100 g de lardons (*cubetti di pancetta*)

2 courgettes moyennes, coupées en diagonale

150 g de champignons de couche, émincés

350 g de chair de poulet cuit, coupée en morceaux

2 cuillerées à soupe de sauce de soja claire (japonaise de préférence), et un peu plus pour servir

1 trait de jus de citron

poivre noir du moulin

une grosse poignée d'aromates ciselés (persil, basilic, ciboulette, marjolaine)

POUR LE RIZ :

1/2 cuillerée à café de sel

300 g de riz basmati

Ce plat à base de riz et de poulet peut s'enrichir de tous les légumes possibles. Haricots verts, pak choy, épinards, oignons verts, poivrons, beaucoup de légumes se prêtent à ce mode de cuisson rapide inspiré des traditions culinaires asiatiques. Un wok n'est pas indispensable, mais c'est un plus.

1 Faites chauffer l'huile sur feu vif dans un wok ou dans une grande poêle, ajoutez les lardons et laissez-les revenir pendant 2 à 3 minutes, jusqu'à ce qu'ils commencent à brunir. Ajoutez les courgettes et poursuivez la cuisson pendant 2 à 3 minutes.

2 Ajoutez les champignons et faites-les sauter pendant 2 à 3 minutes, incorporez le poulet en remuant pendant 1 minute, puis versez la sauce de soja et le jus de citron. Poivrez et ajoutez les aromates. Mélangez pour réchauffer, puis ajoutez rapidement le riz. Servez immédiatement avec de la sauce de soja.

Recette du riz basmati

Portez à ébullition une grande casserole d'eau salée munie d'un couvercle. (Le secret d'un riz incollable est d'utiliser un volume d'eau cinq fois égal à celui du riz.) Rincez le riz sous l'eau froide jusqu'à ce que celle-ci coule claire. Versez le riz dans l'eau bouillante, réduisez légèrement le feu et laissez bouillir pendant 7 minutes exactement. Égouttez le riz, puis remettez-le dans la casserole. Couvrez cette dernière, mettez-la dans un endroit chaud (mais pas sur le feu) et laissez le riz cuire dans sa propre vapeur pendant 10 minutes. Égrenez le riz à la fourchette et servez.

38 Jambalaya

Repas sans façons
Préparation : 45 minutes
Pour 4 personnes

2 cuillerées à soupe d'huile de tournesol

450 g de blancs de poulet sans la peau, coupé en dés

225 g de lardons (*cubetti di pancetta*)

1 gros oignon émincé

4 branches de céleri émincées

1 poivron rouge épépiné coupé en dés

3 gousses d'ail pilées

30 cl de *passata* (coulis de tomate)

1,2 litre de bouillon de poulet (voir p. 14 ou un bouillon-cube)

2 cuillerées à café de poudre de piment

1 cuillerée à café d'origan séché

2 cuillerées à café de thym frais, émietté

2 feuilles de laurier

sel de mer fraîchement moulu et poivre noir du moulin

400 g de tomates en boîte, hachées

450 g de riz longs grains

persil ciselé pour servir

Voici l'un de ces plats familiaux qui se préparent à l'avance et peuvent être réchauffés par la suite. Il se cuisine sur le feu, mais sa cuisson s'achève dans le four où les tomates et le bouillon de poulet sont absorbés par le riz qui prend une belle couleur rouge.

1 Préchauffez le four à 190 °C (thermostat 6-7). Faites chauffer l'huile dans une grande sauteuse et ajoutez le poulet et les lardons. Laissez brunir doucement, puis sortez-les à l'aide d'une écumoire et réservez sur une assiette. Ajoutez l'oignon, le céleri, le poivre et l'ail dans la poêle et laissez frire pendant 5 à 6 minutes, jusqu'à ce que le poivron commence à s'attendrir et que l'oignon devienne translucide.

2 Versez la *passata* dans la sauteuse et portez à ébullition. Laissez mijoter pendant 5 minutes supplémentaires, jusqu'à que les tomates commencent à caraméliser et prennent une couleur rouge foncé.

3 Ajoutez la moitié du bouillon et déglacez le fond de la sauteuse à l'aide d'une cuiller en bois. Le liquide doit être relativement épais. Ajoutez le piment en poudre, l'origan, le thym et les feuilles de laurier, sel et poivre. Mélangez bien et portez à ébullition.

4 Ajoutez les lardons et le poulet. Versez le reste de bouillon et le riz, mélangez, et portez à nouveau à ébullition. Versez le mélange dans un plat allant au four, couvrez de papier d'aluminium et enfournez pendant 20 à 25 minutes, jusqu'à ce que le riz ait absorbé tout le liquide. Égrenez le riz à la fourchette, parsemez de persil et servez.

39 Laksa de poulet

Repas de fête

Préparation : 20 minutes,
plus trempage des piments

Pour 4 personnes

6 piments séchés (ou plus si vous avez un palais blindé !)

1 oignon finement émincé

1 petit morceau de racine de gingembre, pelé et râpé

3 cuillerées à soupe de *nam pla* (sauce de poisson thaïlandaise)

le zeste de 1 citron vert, finement râpé

3 cuillerées à soupe de noix de cajou

1/2 cuillerée à café de curcuma en poudre

1 cuillerée à café de coriandre en poudre

4 cuillerées à soupe d'huile végétale (un peu plus pour les nouilles)

50 cl de bouillon de poulet (voir p. 14)

75 cl de lait de coco en boîte

225 g de nouilles plates

400 g de blancs de poulet, sans la peau, débités en lanières

225 g de germes de soja

feuilles de coriandre pour servir

Ce plat réunit toutes les saveurs de l'Orient. Il se décline là-bas de multiples manières selon les régions, plus ou moins épicé, et accompagné de nouilles de formes différentes. Mais le point commun est l'ajout des germes de soja au dernier moment, qui apporte un croquant sublime au bouillon.

1 Faites tremper les piments dans l'eau chaude pendant 30 minutes. Égouttez, coupez-les en deux et épépinez-les. Mixez-les avec l'oignon, le gingembre, le *nam pla*, le zeste de citron vert, les noix de cajou, le curcuma, la coriandre en poudre et la moitié de l'huile végétale, jusqu'à obtenir une pâte lisse.

2 Faites chauffer le restant d'huile dans une poêle anti-adhésive, ajoutez la pâte, et laissez cuire pendant 5 minutes en remuant continuellement. Ajoutez le bouillon et laissez frémir pendant 5 minutes supplémentaires.

3 Ajoutez le lait de coco en remuant, portez à ébullition et laissez frémir à découvert pendant 5 minutes environ.

4 Pendant ce temps, faites bouillir les nouilles selon les prescriptions figurant sur le paquet ; égouttes-les et ajoutez un peu d'huile. Réservez.

5 Ajoutez le poulet dans la soupe. Laissez frémir encore 3 à 4 minutes, jusqu'à ce qu'il soit cuit.

6 Répartissez les nouilles dans quatre bols. Ajoutez les germes de soja et versez dessus la soupe chaude. Décorez de coriandre ciselée et servez immédiatement.

40 Biryani au poulet

| À préparer à l'avance |
| Préparation : 1 heure |
| Pour 4 personnes |

1 grosse pincée de filaments de safran

450 g de riz basmati cuit (voir p. 56)

POUR LA GARNITURE :

4 cuillerées à soupe d'huile de tournesol

1 gros oignon, émincé

50 g d'amandes émondées ou de noix de cajou

75 g de raisins secs

3 cuillerées à soupe de coriandre ciselée

POUR LE CURRY :

1 cuillerée à soupe d'huile de tournesol

1 oignon émincé

2,5 cm de racine de gingembre pelée et finement râpée

2 gousses d'ail finement émincées

2 cuillerées à soupe de pâte de curry (celle de votre choix)

4 blancs de poulet sans la peau, débités en gros morceaux

200 g de tomates en boîte, hachées

1 cuillerée à café de mélasse ou de sucre de palme

30 cl de bouillon de poulet

4 cuillerées à café de yaourt nature

sel de mer fraîchement moulu et poivre noir du moulin

Traditionnellement, ce plat se compose de riz et de curry disposés en couches dans un même plat et cuits au four. Dans cette version, les aliments sont cuits sur la cuisinière dans deux casseroles distinctes et mélangés au dernier moment. C'est un plat facile à préparer, qui peut être cuisiné à l'avance et réchauffé au micro-ondes. Choisissez de la pâte de curry plutôt que du curry en poudre – elle est plus aromatisée et garde plus longtemps sa saveur.

1 Mettez le safran dans une tasse et versez dessus 3 cuillerées à soupe d'eau bouillante ; laissez tremper pendant 10 minutes. Pendant ce temps, faites cuire le riz basmati selon la recette de la page 56. Une fois que vous avez égoutté le riz avant de le remettre dans la casserole, arrosez-le avec l'eau safranée, mais sans mélanger. Couvrez et laissez le riz cuire dans sa propre vapeur pendant encore 10 minutes. Égrenez à la fourchette et réservez.

2 Pour les garnitures, chauffez l'huile de tournesol dans une poêle ou un wok et faites frire l'oignon jusqu'à ce qu'il soit bien bruni, sans le laisser brûler, pendant 5 à 6 minutes. Ôtez-le de la poêle à l'aide d'une écumoire et égouttez sur du papier absorbant. Dans la même poêle, faites sauter les amandes ou les noix de cajou et les raisins secs pendant 2 à 3 minutes. Réservez.

3 Préparez maintenant le curry. Ajoutez 1 cuillerée à soupe d'huile de tournesol dans la poêle, puis l'oignon émincé, le gingembre et l'ail. Laissez revenir pendant 2 à 3 minutes, puis ajoutez la pâte de curry et poursuivez la cuisson encore 3 à 4 minutes, jusqu'à ce que les arômes se libèrent. Ajoutez les morceaux de poulet, mélangez pour bien les napper, et laissez cuire pendant 5 minutes. Ajoutez alors les tomates, la mélasse ou le sucre et le bouillon. Portez à ébullition, réduisez le feu et laissez frémir à découvert pendant environ 15 minutes, jusqu'à ce que la sauce soit bien réduite. Incorporez le yaourt et faites réchauffer sans laisser bouillir. Goûtez et assaisonnez.

4 Mélangez rapidement le curry et le riz, parsemez d'oignons frits, des noix, des raisins secs et de coriandre, et servez immédiatement.

41 Poulet sauté à l'orientale

Rapide et facile
Préparation : 45 minutes
Pour 4 personnes

2 cuillerées à soupe d'huile d'arachide

450 g de blancs de poulet sans la peau, coupés en petit morceaux

450 g de champignons shiitake, sans les pieds, finement émincés

2 carottes débitées en bâtonnets ou émincées en diagonale

1 petite boîte de châtaignes d'eau entières, égouttées et émincées

1 petite boîte de pousses de bambous égouttées

5 oignons verts émincés en diagonale

1 cuillerée à soupe de maïzena dissoute dans 2 cuillerées à soupe d'eau

riz basmati pour servir (voir p. 56)

POUR LA SAUCE :

1 cuillerée à café de sauce piment douce

2 gousses d'ail finement émincées

2,5 cm de racine de gingembre, pelée et finement émincée

3 cuillerées à soupe de sauce de soja claire (japonaise de préférence)

18 cl de bouillon de poulet (ou un bouillon-cube)

Le secret de la réussite de ce plat, c'est de préparer tous les ingrédients à l'avance, car chaque phase de la cuisson ne prend que quelques minutes. Utilisez si possible un grand wok pour pouvoir faire sauter facilement les ingrédients. Et cuisinez sur feu très vif si vous ne voulez pas vous retrouver avec un triste ragoût. Un couvercle vous sera utile à la fin pour la cuisson des légumes. Vous pouvez choisir des légumes différents, à condition de les émincer très finement afin qu'ils cuisent rapidement.

1 Mélangez tous les ingrédients de la sauce dans un petit bol et réservez.

2 Faites chauffer l'huile d'arachide dans un wok jusqu'à ce qu'elle fume. Ajoutez les blancs de poulet et laissez-les sauter pendant 5 à 6 minutes, jusqu'à ce qu'ils soient légèrement dorés. Retirez le poulet du wok et réservez sur une assiette.

3 Faites sauter les champignons, les carottes, les châtaignes d'eau et les pousses de bambou pendant 3 minutes environ. Ajoutez le poulet cuit et la sauce, en mélangeant pour bien napper tous les ingrédients. Couvrez et laissez mijoter doucement pendant 3 minutes pour réchauffer le poulet et cuire les légumes dans leur propre vapeur.

4 Ôtez le couvercle et ajoutez l'eau et la maïzena en mélangeant. Portez à ébullition en remuant pour laisser la maïzena épaissir la sauce et napper les ingrédients. Retirez du feu et répartissez entre quatre assiettes. Parsemez d'oignons verts et servez immédiatement, accompagné de riz basmati.

42 Poulet Chow Mein

Repas sans façons
Préparation : 25 minutes
Pour 4 personnes

1 blanc de poulet de 175 g, sans la peau

225 g de nouilles sèches aux œufs

3 cuillerées à café d'huile de sésame

2 cuillerées à soupe d'huile de tournesol

175 g de champignons shiitake frais, finement émincés

2 gousses d'ail finement émincées

50 g de mange-tout, finement émincés en diagonale

50 g de *pancetta* finement tranchée et découpée en lanières

8 cl de bouillon de poulet

1 cuillerée à soupe de sauce de soja claire (japonaise de préférence)

1 cuillerée à soupe de mirin (vin de riz japonais) ou de xérès sec

sel de mer fraîchement moulu et poivre noir du moulin

6 oignons verts finement émincés en diagonale

POUR LA MARINADE :

2 cuillerées à café de sauce de soja claire (japonaise de préférence)

2 cuillerées à café de vin de riz ou de xérès sec

3 cuillerées à café d'huile de sésame

Un grand classique à cuisiner en trois étapes. Les nouilles sont cuites les premières, puis le poulet, et enfin les légumes, avant que tous les ingrédients soient rassemblés. Vous pouvez choisir d'autres légumes, comme des petits pois, mais si vous optez pour des germes de soja, ne les ajoutez qu'au tout dernier moment pour qu'ils gardent leur croquant.

1 Mélangez les ingrédients de la marinade dans un saladier de taille moyenne, avec du sel et du poivre. Débitez le poulet en fines lanières et mélangez-le à la marinade. Couvrez et réservez jusqu'au moment de cuisiner les pâtes.

2 Faites cuire les pâtes en vous conformant aux instructions figurant sur l'emballage. Plongez-les ensuite dans l'eau froide pour interrompre la cuisson, puis égouttez-les et mélangez-les avec 2 cuillerées à soupe d'huile de sésame. Réservez.

3 Faites chauffer un wok sur feu vif. Ajoutez 1 cuillerée à soupe d'huile de tournesol ; lorsqu'elle commence à fumer, ajoutez les lanières de poulet marinées. Laissez sauter sur feu vif pendant 2 minutes, puis transférez sur une assiette. Essuyez le wok avec du papier absorbant.

4 Faites à nouveau chauffer le wok et ajoutez le reste d'huile. Lorsqu'elle commence à fumer, ajoutez les champignons, l'ail, les mange-tout et la *pancetta* et laissez sauter pendant 1 minute.

5 Ajoutez les nouilles, le bouillon, la sauce de soja, le vin de riz ou le xérès, un peu de sel et de poivre et les oignons verts. Laissez sauter pendant 2 minutes.

6 Remettez le poulet cuit et son jus dans le wok. Laissez-le réchauffer avec les nouilles pendant 3 à 4 minutes.

7 Incorporez le reste d'huile de sésame et répartissez les nouilles dans des bols chauds, ou posez le wok sur la table et laissez chacun se servir.

43 Poulet aux noix de cajou et à la sauce de haricots noirs

Rapide et facile
Préparation : 10 minutes, plus marinade
Pour 4 personnes

1 blanc d'œuf

$1/2$ **cuillerée à café de sel**

2 cuillerées à café de maïzena

450 g de blancs de poulet, sans la peau, débités en dés de 2 cm

30 cl d'huile d'arachide

75 g de noix de cajou

1 cuillerée à soupe de *mirin* (vin de riz japonais) ou de xérès sec

1 cuillerée à soupe de sauce de soja claire (japonaise de préférence)

12 cl de sauce de haricots noirs

riz basmati (voir p. 56) ou nouilles pour servir

oignons verts finement émincés pour garnir

Cette recette doit son intérêt au mélange des textures, fréquent dans la cuisine chinoise. Elle allie le moelleux des dés de poulet au croquant des noix de cajou. Le fait de saisir le poulet dans l'huile permet de conserver tous les sucs de la viande. Il est ensuite sauté avec une sauce épicée et les noix de cajou grillées. Ne vous affolez pas devant la quantité d'huile utilisée ; elle ne sert qu'à saisir la viande et elle est écartée par la suite.

1 Battez ensemble le blanc d'œuf, le sel et la maïzena. Ajoutez les dés de poulet, mélangez bien, couvrez et réfrigérez pendant au moins 20 minutes.

2 Faites chauffer l'huile d'arachide (sauf 2 cuillerées à soupe) dans un wok ou une grande poêle jusqu'à ce qu'elle soit très chaude. Posez un saladier propre surmonté d'une passoire à côté de vous. Plongez prudemment les dés de poulet dans l'huile en remuant pour les empêcher de coller. Après 2 minutes environ, la viande perdra sa couleur rose et deviendra blanche. Versez alors le contenu du wok dans la passoire.

3 Essuyez le wok avec du papier absorbant et faites-le chauffer à nouveau. Ajoutez les 2 cuillerées à soupe d'huile restantes, puis faites griller les noix de cajou pendant 1 minute. Ajoutez le vin de riz ou le xérès, la sauce de soja, la sauce de haricots noirs et les dés de poulet égouttés et laissez sauter pendant 2 minutes. Parsemez d'oignons verts et servez aussitôt avec du riz basmati ou des nouilles.

44 Paella

Repas sans façons
Préparation : 35 minutes
Pour 6 personnes

450 g de moules

20 cl de vin blanc

6 cuillerées à soupe d'huile d'olive

8 cuisses de poulet de 175 g à 200 g environ

175 g de chorizo coupé en rondelles

2 gousses d'ail finement émincées

1 gros oignon d'Espagne, finement émincé

1 gros poivron rouge, épépiné et coupé en dés

450 g de riz pour paella ou de riz *arborio*

1 grosse pincée de flocons de piment rouge séchés

2 cuillerées à café de paprika doux

1,2 litre de bouillon de poulet (voir p. 14)

1 grosse pincée de filaments de safran, trempés dans 3 cuillerées à soupe d'eau chaude

12 petites tomates mûres, coupées en deux

125 g de petits pois frais ou surgelés

12 grosses crevettes entières

4 cuillerées à soupe de persil plat, ciselé

sel de mer fraîchement moulu et poivre noir du moulin

quartiers de citron pour servir

Un excellent plat pour les fêtes familiales en été. Essayez d'utiliser du safran en filaments, il n'a pas sa pareille. En Espagne, la paella est cuisinée en plein air sur un feu de bois par les pères de famille, dans une immense poêle à deux poignées. Mais rien ne vous empêche de la préparer à l'intérieur et de l'arroser d'une bonne bouteille de Rioja.

1 Grattez bien les moules et débarrassez-les de leurs filaments herbeux. Écartez toutes celles qui ne se ferment pas lorsque vous les heurtez doucement sur le plan de travail.

2 Choisissez une sauteuse ou une marmite à couvercle hermétique. Faites-la chauffer, puis ajoutez les moules et le vin blanc. Couvrez et laissez cuire jusqu'à ce que les moules soient toutes ouvertes (pendant 5 minutes environ). Ne les cuisez pas trop longtemps et écartez toutes celles qui ne sont pas ouvertes au bout de cette période. Égouttez dans une passoire au-dessus d'un saladier et réservez les moules et leur liquide de cuisson.

3 Faites chauffer l'huile d'olive dans une poêle à paella ou dans une grande poêle profonde. Ajoutez les cuisses de poulet et les rondelles de chorizo et faites-les dorer de tous côtés, en les retournant fréquemment. Ajoutez l'ail, l'oignon et le poivron et poursuivez la cuisson pendant 5 minutes environ. Incorporez le riz en remuant pour bien napper les grains. Ajoutez le piment séché, le paprika, le liquide de cuisson des moules, le bouillon et le safran. Mélangez bien, portez à ébullition et laissez frémir doucement pendant 10 minutes.

4 Ajoutez les tomates, les petits pois et les crevettes et poursuivez la cuisson pendant 10 minutes.

5 Quand presque tout le liquide est absorbé et que le riz est tendre, ajoutez les moules à la surface pour les laisser réchauffer pendant 2 à 3 minutes. Assaisonnez – soyez prudent avec le sel car les moules et le chorizo sont assez salés. Parsemez de persil et servez la paella dans la poêle, accompagnée de quartiers de citron.

45 Poulet aux brocolis, aux amandes et à l'orange

Rapide et facile
Préparation : 15 minutes
Pour 4 personnes

3 gros blancs de poulet, sans la peau

450 g de brocolis

4 oignons verts

3 cuillerées à soupe d'huile d'arachide

3 gousses d'ail finement émincées

2,5 cm de racine de gingembre, pelée et finement émincée

12 cl de bouillon de poulet (ou 1 bouillon-cube)

75 g d'amandes blanchies et grillées

1 portion de riz basmati pour 4 (voir p. 56)

POUR LA SAUCE :

le zeste finement râpé et le jus d'une orange

2 cuillerées à soupe de sauce de soja claire (japonaise de préférence)

2 cuillerées à soupe de maïzena

1 cuillerée à soupe de sauce d'huître

1 cuillerée à café d'huile de sésame

1 cuillerée à soupe de sauce piment douce

Les brocolis sont excellents, surtout quand ils sont sautés. Trop souvent servis avec de grosses tiges, ils doivent être débités en fleurettes de tailles égales pour cette recette, accompagnés de leurs tiges émincées. La sauce a un petit côté aigre-doux et les amandes apportent un agréable croquant. Une bonne manière d'inciter les enfants à apprécier ce légume !

1 Découpez le poulet en longues lanières épaisses d'un doigt, dans le sens opposé aux fibres de la chair. Séparez les brocolis en fleurettes et émincez leurs tiges en diagonale. Coupez les oignons verts en deux dans le sens de la longueur, puis débitez-les en tronçons de 5 cm.

2 Pour préparer la sauce, mélangez le zeste et le jus de l'orange, la sauce de soja, la maïzena, la sauce d'huître, l'huile de sésame et la sauce piment. Réservez.

3 Faites chauffer un wok sur feu vif jusqu'à ce qu'il commence à fumer. Versez dedans la moitié de l'huile d'arachide et faites tourner le récipient en l'inclinant pour bien répartir la matière grasse. Ajoutez la moitié des lanières de poulet et faites-les sauter pendant 3 à 4 minutes en remuant. Recommencez avec le reste du poulet, en ajoutant un peu d'huile si nécessaire. Réservez.

4 Versez le reste de l'huile dans le wok. Faites revenir l'ail et le gingembre pendant 10 secondes, jusqu'à ce qu'ils libèrent leurs arômes, sans les laisser brunir. Ajoutez le brocoli et laissez sauter pendant 1 minute. Incorporez les oignons verts et poursuivez la cuisson pendant 30 secondes. Versez le bouillon, portez à ébullition, puis couvrez et laissez frémir pendant 2 minutes, jusqu'à ce que les brocolis soient tendres tout en restant croquants.

5 Découvrez et ajoutez le poulet. Repoussez le contenu du wok sur un côté. Versez la sauce dans l'espace ainsi dégagé, et laissez-la cuire en remuant pendant 1 à 2 minutes, jusqu'à ce qu'elle épaississe. Mélangez alors le poulet et les légumes à la sauce, puis parsemez d'amandes grillées. Servez immédiatement avec du riz basmati.

46 Poulet sauté aux petits pois et aux lardons

Rapide et facile
Préparation : 25 minutes
Pour 4 personnes

160 g de lardons
(*cubetti di pancetta*)

150 g de gros oignons verts, émincés

1 gousse d'ail émincée

4 grosses cuisses de poulet désossées, sans la peau, découpées en 4 ou 5 lanières épaisses

20 cl de bouillon de poulet (ou un bouillon-cube)

sel de mer fraîchement moulu et poivre noir du moulin

1 cuillerée à soupe de menthe fraîche grossièrement ciselée

225 g de petits pois frais ou surgelés

2 cuillerées à café de maïzena dissoute dans 1 cuillerée à soupe d'eau

2 mini-laitues finement coupées

2 cuillerées à soupe de crème fraîche (facultatif)

3 cuillerées à soupe de persil ciselé

50 g de beurre

jus de citron fraîchement pressé

2 cuillerées à soupe de ciboulette ciselée pour garnir

pommes de terre nouvelles ou purée pour servir

Le mariage des petits pois et de la laitue avec la saveur salée de la *pancetta* est un véritable bonheur pour le palais, surtout lorsque le poulet est de la partie. Cette version d'un grand classique de la cuisine française ne doit pas être trop cuite, afin de préserver tous les arômes du printemps.

1 Faites chauffer une poêle jusqu'à ce qu'elle soit bien chaude et ajoutez les lardons. Baissez le feu et laissez cuire pendant 2 à 3 minutes en remuant, jusqu'à ce que la graisse commence à fondre et que les lardons prennent un peu de couleur.

2 Ajoutez les oignons verts, l'ail et les morceaux de poulet et faites sauter pendant 2 à 3 minutes, jusqu'à ce que le poulet perde sa couleur rosée. Versez le bouillon, assaisonnez et portez à ébullition, puis baissez le feu et laissez frémir à découvert pendant 8 minutes.

3 Ajoutez alors la menthe et les petits pois, puis le mélange d'eau et de maïzena. Portez à ébullition, et lorsque la sauce a épaissi, incorporez la laitue, la crème (éventuellement) et le persil. Secouez la casserole lorsque la sauce vient à nouveau à ébullition, puis ajoutez le beurre. Laissez frémir pendant 2 minutes, puis goûtez, salez et poivrez et ajoutez un trait de jus de citron. Parsemez de ciboulette ciselée et servez immédiatement avec des pommes de terre nouvelles bouillies ou une purée.

47 Poulet fumé au thé et salsa à l'avocat

Repas de fête
Préparation : 40 minutes, plus marinade
Pour 4 personnes

4 blancs de poulet

10 cl de *mirin* (vin de riz japonais) ou de xérès sec

1 cuillerée à soupe de sucre

1 cuillerée à soupe de sel

2 cuillerées à soupe de racine de gingembre frais finement émincée

POUR LA SALSA :

1 avocat bien mûr

2 tomates branches bien mûres, pelées, épépinées et coupées en dés

1/2 oignon rouge finement émincé

3 cuillerées à soupe de coriandre finement ciselée

2 cuillerées à café de gingembre japonais mariné, émincé

2 cuillerées à soupe de sauce de poisson thaïlandaise (*nam pla*)

1 piment rouge doux, épépiné et émincé

le jus et le zeste finement râpé d'un citron vert

sel de mer fraîchement moulu et poivre noir du moulin

POUR LE FUMAGE :

200 g de riz longs grains

200 g de sucre en poudre

100 g de thé lapsang souchong

Fumez vous-même rapidement et facilement vos blancs de poulet dans un wok ou un barbecue couvert. La chair en sera délicieusement tendre, avec un bel arôme de thé. Veillez à l'étanchéité de votre wok si vous ne voulez pas remplir votre cuisine de fumée. Si l'idée de manger du poulet parfumé au thé ne vous enthousiasme pas, la salsa à l'avocat est également excellente avec des blancs de poulet poêlés (voir p. 12).

1 Mettez vos blancs de poulet dans un plat en verre ou en inox. Mélangez ensemble le *mirin* ou le xérès et 10 cl d'eau, faites-y dissoudre le sucre et le sel, puis ajoutez le gingembre. Versez ce mélange sur le poulet, retournez les blancs pour bien les imprégner de la marinade, puis couvrez et réservez au réfrigérateur pendant 1 heure.

2 Pour préparer la salsa, coupez l'avocat et retirez le noyau. Coupez sa chair en petits dés. Ajoutez les tomates, l'oignon, la coriandre, le gingembre mariné, le nam pla, le piment, le jus et le zeste de citron vert, sel et poivre. Mélangez bien et réservez pendant que vous fumez le poulet.

3 Sortez le poulet de la marinade, essuyez-le et posez-le au fond d'une grande marmite à vapeur en bambou (munie d'un couvercle) qui puisse tenir dans votre wok.

4 Mélangez le riz, le sucre et le thé. Tapissez un grand wok de papier d'aluminium et ajoutez ce mélange. Mettez le wok sur feu moyen. Quand le mélange commence à fumer, posez dessus la marmite en bambou. Bouchez l'espace qui subsiste entre les parois de cette dernière et celles du wok avec des chiffons propres et humides, afin que la fumée ne s'échappe pas sur les côtés. Couvrez, baissez le feu et laissez chauffer pendant 20 minutes.

5 Laissez chauffer encore pendant 15 minutes à feu plus fort. Il est conseillé de transporter le wok à l'extérieur quand vous ôterez le couvercle, car la fumée peut être très épaisse. Le poulet sera parfaitement cuit et aura un léger goût fumé. Servez chaud, accompagné de salsa.

48 Saltimbocca au poulet

Rapide et facile
Préparation : 15 minutes
Pour 4 personnes

2 gros blancs de poulet, sans la peau (environ 450 g)

sel de mer fraîchement moulu et poivre noir du moulin

6 tranches de prosciutto ou de jambon de Parme, coupées en deux

12 grandes feuilles de sauge fraîche

farine

1 cuillerée à soupe d'huile d'olive

50 g de beurre

quartiers de citron pour servir

De plus en plus de chefs utilisent des volailles à la place du veau dans certaines recettes. Beaucoup de cuisiniers italiens optent pour la dinde, mais la chair du poulet est plus goûteuse et d'une texture plus fine. Utilisez une bonne huile d'olive et vous obtiendrez un véritable plat de roi.

1 Coupez transversalement chaque blanc de poulet pour obtenir deux escalopes plus fines. Recoupez chacune d'entre elles en trois morceaux égaux, afin d'obtenir 12 escalopes. Mettez celles-ci entre deux feuilles de film alimentaire et aplatissez-les soigneusement. Salez et poivrez.

2 Posez la moitié d'une tranche de jambon sur chaque escalope, ajoutez une feuille de sauge et solidarisez le tout à l'aide d'un cure-dent.

3 Poudrez légèrement les escalopes de farine, sur les deux faces. Faites chauffer l'huile dans une poêle, ajoutez le beurre et attendez qu'il fume. Faites cuire les escalopes quatre par quatre sur feu vif, feuilles de sauge vers le bas, pendant 1 minute et demie, puis retournez-les et laissez-les dorer encore pendant 30 secondes. Ôtez du feu et réservez au chaud pendant que vous cuisinez le reste de la viande. Garnissez de quartiers de citron – ce plat supporte beaucoup de jus de citron – et servez immédiatement.

49 Poulet au poivre à la sauce whisky

3 cuillerées à soupe de poivre noir en grains

4 blancs de poulet, sans la peau

4 cuillerées à soupe de moutarde de Dijon

sel de mer fraîchement moulu

25 g de beurre clarifié (voir p. 18)

50 g de beurre

5 cl de whisky pur malt

4 cuillerées à soupe de bouillon de poulet (voir p. 14)

3 cuillerées à soupe de crème fraîche épaisse

POUR SERVIR :

salade verte

huile d'olive

pommes de terre nouvelles

Cette recette habituellement réservée à la viande rouge convient très bien au poulet. Il s'agit d'une recette simple à réaliser, mais qui est extrêmement gratifiante, pour le cuisinier comme pour ses convives. Les blancs de poulet sont légèrement poêlés avant d'être arrosés de beurre fondu épicé. Attention : le whisky risque de s'enflammer lorsque vous le versez. Tenez-vous à l'écart des rideaux de votre cuisine !

1 Écrasez grossièrement le poivre à l'aide d'un pilon et d'un mortier, ou d'un moulin à café (propre). Versez le poivre ainsi concassé dans une passoire fine et secouez-la pour éliminer la poudre de poivre ; c'est important, sinon le plat serait beaucoup trop relevé. Répandez ensuite le poivre sur une petite assiette.

2 Entaillez légèrement la face des blancs de poulet sur laquelle adhérait la peau à l'aide d'un couteau aiguisé pour faciliter l'adhésion de la moutarde et du poivre. Enduisez de moutarde les deux faces des blancs et passez-les dans le poivre concassé. Ne salez qu'à ce moment, car un salage plus précoce empêcherait le poivre d'imprégner la chair.

3 Faites chauffer une grande poêle sur feu moyen. Ajoutez le beurre clarifié, puis les blancs de poulet, faces contre lesquelles adhérait la peau vers le bas, et laissez-les dorer pendant 10 minutes sans les remuer avant de les retourner, afin de ne pas disperser le poivre – celui-ci doit former une jolie croûte à la surface. Ajoutez le beurre dans la poêle et laissez-le prendre une couleur de noisette, tout en arrosant le poulet des sucs de cuisson. Transférez les blancs sur une plaque de cuisson et réservez dans un endroit chaud.

4 Versez le whisky dans la poêle et portez à ébullition sur feu vif pendant 1 minute – l'alcool doit s'évaporer. Ajoutez le bouillon, portez à nouveau à ébullition, incorporez la crème en mélangeant. Déglacez le fond de la poêle à l'aide d'une cuiller en bois. Arrêtez la cuisson dès la reprise de l'ébullition.

5 Assaisonnez la salade avec l'huile d'olive. Versez les sucs de cuisson du poulet dans la sauce et dressez les blancs sur les assiettes de service avec des pommes de terre nouvelles et un peu de salade. Répartissez la sauce dans les quatre assiettes et servez.

50 Poulet sauté aux pommes et au cidre

Rapide et facile
Préparation : 25 minutes
Pour 4 personnes

2 pommes Granny Smith

4 blancs de poulet de 150 à 175 g environ

sel de mer fraîchement moulu et poivre noir du moulin

1 cuillerée à soupe d'huile de tournesol

50 g de beurre

1 cuillerée à café de sucre glace

30 cl de cidre brut

30 cl de bouillon de poulet (voir p. 14)

15 cl de crème fraîche épaisse

2 cuillerées à soupe de persil grossièrement ciselé

un soupçon d'estragon frais, ciselé

jus de citron

L'association du poulet, des pommes caramélisées et de la sauce au cidre fait merveille. Il s'agit là d'un grand classique. Les pommes doivent être bien dorées à l'extérieur et tendres à l'intérieur. Ce plat est beau à regarder avec le contraste de ses couleurs, et il est réellement délicieux.

1 Pelez et épépinez les pommes, puis coupez-les en quatre. Salez et poivrez les blancs de poulet. Faites chauffer une grande poêle. Ajoutez l'huile de tournesol et la moitié du beurre lorsqu'elle est bien chaude. Quand le beurre commence à fumer, ajoutez les blancs et faites-les cuire 7 à 8 minutes de chaque côté, jusqu'à ce qu'ils prennent couleur. Réservez-les sur une assiette chaude.

2 Ajoutez le reste du beurre et les quartiers de pomme dans la poêle, puis parsemez le tout de sucre glace et laissez cuire doucement pendant 3 à 4 minutes. Ôtez les pommes du feu et réservez au chaud avec le poulet.

3 Versez le cidre dans la poêle, portez à ébullition et laissez-le réduire presque totalement. Ajoutez le bouillon et laissez réduire à nouveau, des deux tiers environ. Incorporez la crème et portez à ébullition.

4 Remettez les blancs de poulet et les pommes dans la poêle. Laissez réchauffer pendant 2 à 3 minutes. Ajoutez une cuillerée à soupe d'aromates ciselés, salez et poivrez, et ajoutez du jus de citron selon le goût. Dressez un blanc de poulet sur chaque assiette de service, arrosez de sauce et de quartiers de pomme et parsemez avec le reste des aromates.

51 Poulet aux morilles et au madère

Repas sans façons

Préparation : 35 minutes,
plus trempage

Pour 4 personnes

75 g de morilles séchées ou autres champignons séchés

50 g de beurre

4 blancs de poulet

4 échalotes finement émincées

15 cl de madère doux

30 cl de bouillon de poulet (voir p. 14)

30 cl de crème fraîche épaisse

sel de mer fraîchement moulu et poivre noir du moulin

2 cuillerées à soupe de persil ciselé

Les morilles sont ces drôles de champignons bruns avec des chapeaux alvéolés que l'on récolte au printemps. Cuisinez ce plat en saison avec des champignons frais, ou achetez-les séchés dans les supermarchés. Ils ne sont pas compliqués à cuisiner et donnent toujours de bons résultats. Le madère est l'un de ces vins robustes qui s'accordent bien aux goûts du terroir.

1 Faites tremper les morilles séchées dans 15 cl d'eau chaude pendant au moins 15 minutes.

2 Faites chauffer le beurre dans une sauteuse jusqu'à ce qu'il fume. Ajoutez les blancs de poulet, côté peau vers le bas, et faites-les dorer de tous côtés. Transférez-les sur une assiette et remplacez-les par les échalotes ; laissez dorer doucement ces dernières pendant 5 minutes, sans les laisser brunir. Réservez pendant que vous nettoyez les champignons.

3 Égouttez les morilles (ne jetez pas le liquide de trempage), puis rincez-les bien sous l'eau courante froide, afin de déloger le sable des alvéoles. Essuyez les champignons sur du papier absorbant et coupez en deux les plus gros. Passez le liquide de trempage dans un filtre à café pour en éliminer les impuretés et réservez. Ajoutez les morilles aux échalotes dans la sauteuse et faites-les revenir doucement pendant environ une minute. Versez ensuite le madère et portez à ébullition. Laissez sur feu vif jusqu'à ce que le vin soit réduit à la valeur de deux cuillerées à soupe, puis ajoutez le bouillon et le liquide de trempage des champignons. Mélangez bien, ajoutez les blancs de poulet, couvrez et laissez frémir pendant 20 minutes.

4 Quand le poulet est cuit, ôtez-le de la sauteuse et réservez-le au chaud. Ajoutez la crème, salez et poivrez, puis portez à ébullition et laissez réduire de moitié. Remettez les blancs dans la sauteuse, mélangez pour les napper de sauce et parsemez de persil ciselé. Servez avec des nouilles au beurre.

52 Hamburgers de poulet à l'ail et au romarin

À préparer à l'avance
Préparation : 45 minutes, plus réfrigération
Pour 4 personnes

4 grosses gousses d'ail non pelées

10 g de champignons noirs séchés

1 cuillerée à soupe d'huile d'olive

1 oignon rouge finement émincé

1 cuillerée à soupe de romarin frais, finement ciselé

350 g de chair de cuisse de poulet, grossièrement hachée

100 g de lardons (*cubetti di pancetta*) ou de bacon fumé, finement haché

1 trait de vinaigre balsamique

sel de mer fraîchement moulu et poivre noir du moulin

POUR SERVIR :

4 boules de ciabatta

mayonnaise à la moutarde de Dijon

100 g de roquette

Peut-être l'idée de préparer des hamburgers au poulet vous laissera-t-elle dubitatif, mais les arômes de la Méditerranée font toute la différence ! Ils sont réellement délicieux et contiennent beaucoup moins de graisses que les hamburgers traditionnels. Préférez la chair des cuisses pour sa texture et sa saveur.

1 Mettez les gousses d'ail et les champignons dans une petite casserole d'eau froide et portez lentement à ébullition. Laissez frémir pendant 20 minutes, puis égouttez. Pressez les champignons pour en exprimer l'eau et émincez-les finement. Extrayez la chair des gousses d'ail et hachez-la grossièrement.

2 Faites chauffer l'huile dans une poêle sur feu moyen et ajoutez l'oignon, l'ail et les champignons. Laissez sauter pendant 5 minutes, jusqu'à ce que l'oignon blondisse et que l'ail commence à brunir. Ajoutez le romarin. Transférez dans un bol et laissez refroidir.

3 Mélangez le poulet et les lardons avec un trait de vinaigre balsamique. Ajoutez le mélange d'oignon, d'ail et de champignons, sel et poivre. Façonnez quatre hamburgers à l'aide de vos mains mouillées. Disposez-les sur une plaque et réservez au réfrigérateur.

4 Un peu avant de servir, sortez les hamburgers du réfrigérateur et laissez-les revenir à température ambiante. Badigeonnez-les d'huile d'olive et faites-les cuire au gril ou au barbecue pendant 5 minutes par face, jusqu'à ce qu'ils ne soient plus rosés à l'intérieur.

5 Pendant ce temps, faites chauffer les boules de ciabatta dans le four. Fendez-les en deux, badigeonnez la base d'une bonne couche de mayonnaise, puis surmontez d'un hamburger et d'une poignée de feuilles de roquette. Couvrez avec la seconde partie du pain et servez.

53 Poulet sauté aux aubergines, aux tomates et au basilic

Repas sans façons
Préparation : 50 minutes
Pour 4 personnes

4 blancs de poulet avec la peau

sel de mer fraîchement moulu et poivre noir du moulin

3 cuillerées à soupe d'huile d'olive

25 g de beurre

POUR LA SAUCE AUX TOMATES ET AUX AUBERGINES :

450 g d'aubergines

2 cuillerées à soupe de sel fin

3 cuillerées à soupe d'huile d'olive

1 oignon finement émincé

2 gousses d'ail pilées

15 cl de vin rouge

400 g de tomates en boîte, hachées

1 cuillerée à soupe de basilic frais, finement ciselé

C'est un plat très simple à préparer, à condition que les aubergines soient suffisamment cuites – elles doivent fondre dans la sauce. Utilisez une huile d'olive de qualité pour parfumer cette dernière et lui donner sa consistance crémeuse. N'ajoutez le basilic qu'en fin de cuisson afin qu'il conserve toute sa fraîcheur de goût.

1 Coupez les aubergines en quatre dans le sens de la longueur, puis débitez-les en dés de 2,5 cm. Mettez-les dans une passoire au-dessus d'un saladier et saupoudrez-les de sel. Laissez reposer pendant 20 minutes, puis rincez soigneusement sous l'eau froide courante. Séchez avec du papier absorbant.

2 Salez et poivrez les blancs de poulet. Faites chauffer une sauteuse, puis ajoutez l'huile et le beurre. Quand ce dernier commence à fumer, ajoutez les blancs de poulet, peau vers le bas pour commencer, puis faites-les dorer de tous côtés. Réservez-les sur une assiette chaude.

3 Pour préparer la sauce, mettez l'huile d'olive dans la sauteuse et posez celle-ci sur feu vif. Faites frire les aubergines pendant 3 minutes, jusqu'à ce qu'elles brunissent. Ajoutez l'oignon et l'ail, réduisez légèrement le feu et laissez cuire jusqu'à ce que l'oignon blondisse. Incorporez le vin et les tomates, portez à ébullition, laissez bouillir pendant 2 minutes, puis remettez les blancs dans la sauteuse. Couvrez et laissez frémir pendant 20 minutes.

4 Sortez le poulet de la sauteuse et réservez-le au chaud. Portez la sauce à ébullition et laissez-la bouillir pendant 2 à 3 minutes, jusqu'à ce qu'elle réduise et s'épaississe légèrement. Salez, poivrez, puis ajoutez le basilic.

5 Répartissez la sauce dans quatre assiettes chaudes et dressez dessus les blancs de poulet. Garnissez de quelques feuilles de basilic et servez.

54 Poulet frit au saindoux

Repas sans façons
Préparation : 30 minutes
Pour 4 personnes

1 poulet fermier ou d'élevage biologique de 1,5 kg, découpé en huit morceaux et désossé

sel de mer fraîchement moulu et poivre noir du moulin

100 g de farine assaisonnée

environ 25 cl d'huile de tournesol ou 250 g de saindoux pour la friture

Pour réaliser cette recette, achetez un poulet d'excellente qualité, la réussite du plat dépend du goût de la chair de la volaille et de sa peau croustillante. Les morceaux sont assaisonnés et légèrement poudrés de farine. Ils sont ensuite mis à frire très lentement dans la matière grasse (prévoyez un tablier si vous ne voulez pas être éclaboussé de graisse chaude), traditionnellement du saindoux, jusqu'à ce qu'ils soient bien dorés. Ils sont simplement retournés une fois. Si le saindoux vous rebute, utilisez de l'huile de tournesol. Servez ce plat avec des patates douces, c'est un régal.

1 Rincez les morceaux de poulet et essuyez-les. Salez et poivrez. Mettez la farine dans un sac en plastique, puis ajoutez la viande (quelques morceaux à la fois) et secouez bien pour poudrer la chair de manière régulière. Disposez le poulet sur une plaque.

2 Faites chauffer l'huile ou le saindoux dans une grande poêle profonde ou une sauteuse jusqu'à ce que des bulles se forment à la surface lorsqu'on y laisse tomber une pincée de farine. Ajoutez les morceaux de poulet et réduisez le feu à température moyenne. Laissez cuire pendant 7 à 10 minutes, sans remuer, jusqu'à ce que la face inférieure soit bien brunie.

3 Retournez et faites frire de l'autre côté pendant 7 à 10 minutes à nouveau, jusqu'à ce que le poulet soit doré de manière uniforme et bien croustillant. Sortez les morceaux de la poêle, égouttez-les sur du papier absorbant et servez immédiatement.

55 Croquettes de poulet à la sauce verte

Repas de fête
Préparation : 25 minutes
Pour 4 personnes

450 g de blancs de poulet, sans la peau

4 cuillerées à soupe de farine assaisonnée

2 œufs battus

100 g de chapelure maison (voir en bas de page)

huile végétale

sel de mer fraîchement moulu

quartiers de citron

POUR LA SAUCE VERTE :

mélange d'aromates frais et de cresson ou d'épinards

30 cl de mayonnaise

sel de mer fraîchement moulu et poivre noir du moulin

Une superbe entrée pour un repas exceptionnel ! Présentez ces croquettes sur un grand plateau avec des petits bols de sauce, chaque convive se servant à sa guise. Un plat convivial par excellence.

1 Coupez les blancs de poulet en diagonale dans le sens opposé au grain de la chair, pour obtenir des bâtonnets de l'épaisseur d'un doigt. Préparez trois assiettes, l'une contenant la farine, la deuxième les œufs battus et la troisième la chapelure. Passez les bâtonnets de poulet dans la farine et secouez pour en éliminer l'excès, puis trempez-les dans l'œuf battu, et enfin dans la chapelure, en les roulant doucement pour bien les recouvrir. Disposez-les sur une grille (ils ne doivent pas se toucher), couvrez-les d'un film alimentaire et réservez au réfrigérateur.

2 Pour préparer la sauce, prélevez les feuilles des aromates frais (vous devez obtenir 75 g de feuilles environ). Lavez-les et séchez-les avec du papier absorbant. Faites de même avec le cresson ou les épinards, mettez le tout dans le bol d'un robot ménager avec la mayonnaise, puis mixez jusqu'à obtenir un mélange lisse et crémeux. Goûtez, assaisonnez, et réservez dans les bols de service.

3 Tapissez une grande assiette ou une grille de papier absorbant, préparez votre écumoire et faites chauffer le plat de service. Versez de l'huile végétale dans un wok ou dans une grande poêle (jusqu'au tiers de la hauteur environ) ou utilisez une friteuse, et chauffez l'huile à 190 °C (utilisez un thermomètre si nécessaire).

4 Faites frire les croquettes par petites quantités pendant 2 minutes environ. Égouttez-les sur le papier absorbant, puis salez-les. Gardez-les au chaud dans le four en laissant la porte légèrement entrouverte (les croquettes deviendront molles si vous la fermez) pendant que vous cuisinez le reste. Servez avec des quartiers de citron et de petits bols de sauce verte.

Chapelure maison
Mettez des tranches de pain rassis, sans la croûte, dans le bol d'un robot ménager et mixez jusqu'à obtenir des miettes fines. Répandez-les sur une grande plaque et laissez-les sécher pendant 12 heures dans un endroit chaud. Cette chapelure se garde pendant 2 semaines dans un récipient hermétique et plus de 3 mois au congélateur.

56 Poulet à la Kiev

Repas sans façons
Préparation : 1 heure et 10 minutes
Pour 4 personnes

4 blancs de poulet sans la peau, avec les jointures des ailes

4 cuillerées à soupe de farine

2 œufs battus

150 g de chapelure

huile de tournesol pour la friture

pommes de terre nouvelles et haricots verts pour servir

POUR LE BEURRE PERSILLÉ :

100 g de beurre manié

2 petites gousses d'ail grossièrement émincées

3 à 4 cuillerées à soupe de persil grossièrement ciselé

le jus et le zeste finement râpé d'un citron

sel de mer fraîchement moulu et poivre noir du moulin

Tout le monde adore ce plat classique, avec sa chapelure croustillante, une chair tendre et juteuse et un délicieux beurre persillé. La préparation est relativement longue, car elle comporte des temps de réfrigération et de congélation destinés à raffermir le beurre et la chair avant de les cuisiner.

1 Mettez le beurre, l'ail, le persil, le jus et le zeste de citron dans le bol d'un robot ménager, salez et poivrez, puis mixez pour obtenir un mélange lisse. Déposez 4 bonnes cuillerées à soupe de ce mélange sur une petite grille tapissée de film alimentaire et réservez au réfrigérateur pendant 10 minutes pour les raffermir. Façonnez ensuite chacune d'entre elles en forme de bouchon cylindrique, enveloppez-les de film alimentaire et réservez au congélateur.

2 Prenez les blancs de poulet et prélevez les longs filets du dessous. Placez ces derniers entre deux feuilles de film alimentaire et aplatissez-les à l'aide d'un rouleau à pâtisserie, jusqu'à ce qu'ils atteignent le double de leur taille, sans les briser.

3 Pratiquez une fente dans la partie la plus épaisse de chaque blanc, en prenant soin de ne pas les transpercer totalement. Réservez sur une grille.

4 Mettez la farine, les œufs battus et la chapelure dans trois assiettes différentes. Insérez un cylindre de beurre aillé dans chaque fente des filets. Badigeonnez d'œuf battu et pressez les bords de la chair pour fermer la fente. Passez le tout dans la farine, puis dans l'œuf, et enfin dans la chapelure. Posez sur une grille garnie d'un film alimentaire et réservez au congélateur pendant 30 minutes.

5 Remplissez d'huile de tournesol un wok (ou une grande casserole) au tiers de sa hauteur, ou utilisez une friteuse. Chauffez l'huile à 160 °C (utilisez un thermomètre si nécessaire). Passez à nouveau les blancs dans la farine, l'œuf et la chapelure. Plongez deux d'entre eux dans l'huile et laissez-les frire pendant 8 minutes. Égouttez-les sur du papier absorbant. Gardez-les au chaud dans le four entrouvert pendant que vous cuisinez les deux derniers. Servez avec des pommes de terre nouvelles bouillies et des haricots verts.

57 Poulet aux courges et au bacon

Repas sans façons
Préparation : 40 minutes
Pour 4 personnes

6 cuisses de poulet désossées, sans la peau

1 courge musquée de taille moyenne

2 cuillerées à soupe d'huile d'olive

175 g de lardons (*cubetti di pancetta*)

1 gousse d'ail pilée

8 cl de bouillon de poulet (voir p. 14)

sel de mer fraîchement moulu et poivre noir du moulin

1 cuillerée à soupe de sauge fraîche, ciselée

1 cuillerée à café de romarin frais, ciselé

2 cuillerées à café de thym frais, ciselé

1 cuillerée à soupe de persil ciselé

riz brun pour servir

La courge musquée constitue l'une des meilleures variétés de courge, avec son agréable goût de noisette. C'est un légume qui se laisse volontiers rôtir, mais qui peut également être braisé sans problème.

1 Coupez les cuisses de poulet en quatre. Coupez la courge en deux et ôtez les graines, puis pelez-la à l'aide d'un couteau économe et débitez-la en gros dés.

2 Faites chauffer l'huile dans une sauteuse et ajoutez les lardons. Laissez-les revenir pendant 5 minutes, jusqu'à ce qu'ils commencent à rendre leur graisse, puis ajoutez le poulet et laissez-le dorer de tous côtés. Ajoutez alors l'ail et les dés de courge et laissez cuire quelques minutes en remuant, pour bien mélanger les sucs de cuisson. Incorporez le bouillon, salez et poivrez, puis couvrez. Laissez cuire sur feu très doux pendant 25 minutes – le plat va cuire dans sa propre vapeur.

3 Ôtez le couvercle et ajoutez les aromates. Couvrez à nouveau et laissez les arômes se mélanger pendant 5 minutes. Servez directement dans la sauteuse, avec du riz brun.

58 Sauté de poulet au fenouil

Repas sans façons
Préparation : 45 minutes
Pour 4 personnes

2 cuillerées à soupe d'huile d'olive

4 blancs de poulet, avec la peau

1 oignon émincé

2 gousses d'ail finement émincées

2 fenouils finement émincés

2 cuillerées à café de feuilles de romarin ciselées

15 cl de cidre brut

15 cl de bouillon de poulet (voir p. 14)

sel de mer fraîchement moulu et poivre noir du moulin

2 cuillerées à soupe de persil plat, ciselé

La saveur délicatement anisée du fenouil est l'une de celles qui accompagnent le mieux le poulet. Ce légume peut toutefois être dur s'il n'est pas suffisamment cuit ; émincez-le finement pour éviter cet inconvénient. Vous pouvez ajouter un trait de pastis avant le cidre pour développer l'arôme. Le mariage du cidre et du romarin apporte une saveur inédite à la sauce. Ajoutez si vous le souhaitez un peu de crème fraîche en fin de cuisson pour lui donner du moelleux, et ne lésinez pas sur le poivre.

1 Faites chauffer l'huile d'olive dans une grande sauteuse, ajoutez les blancs de poulet, côté peau vers le bas, et laissez-les bien dorer. Réservez sur une assiette.

2 Mettez l'ail et l'oignon dans la sauteuse et laissez-les revenir pendant 5 minutes. Ajoutez ensuite le fenouil et le romarin. Laissez cuire pendant 5 minutes supplémentaires, jusqu'à ce que le fenouil commence à s'attendrir.

3 Ajoutez le cidre, portez à ébullition et laissez bouillir jusqu'à ce que le liquide soit réduit de moitié. Incorporez alors le bouillon, assaisonnez, puis remettez les blancs de poulet dans la sauteuse, peau vers le haut. Couvrez et laissez frémir pendant 25 minutes.

4 Ôtez le poulet de la sauteuse et laissez réduire la sauce jusqu'à ce qu'elle devienne sirupeuse. Ajoutez de la crème fraîche si vous le souhaitez, parsemez de persil ciselé et versez cette sauce sur le poulet pour servir.

59 Poulet à la crème et au vinaigre

Repas de fête
Préparation : 45 minutes
Pour 4 personnes

25 g de beurre clarifié (voir p. 18)

un poulet de 1,5 kg, désossé, coupé en huit

5 grosses gousses d'ail, non pelées

haricots verts assaisonnés à l'huile d'olive et au jus de citron et purée de pommes de terre pour servir

POUR LA SAUCE :

5 cuillerées à soupe de vinaigre de vin blanc

30 cl de vin blanc sec

2 cuillerées à soupe de xérès

2 cuillerées à soupe de moutarde de Dijon

1 bonne cuillerée à soupe de purée de tomate

30 cl de crème fraîche épaisse

sel de mer fraîchement moulu et poivre noir du moulin

2 tomates pelées et épépinées

Ce plat constitue un grand classique, un peu tombé en désuétude. Il est pourtant fantastique, avec sa sauce crémeuse que vient relever l'acidité du vinaigre. Tout le secret de cette recette réside dans la réduction de ce dernier : si les acides du vinaigre et du vin ne sont pas correctement évaporés, la sauce sera trop aigre. La longue cuisson de l'ail lui donne un goût de noisette.

1 Faites chauffer le beurre dans une grande sauteuse et mettez-y à dorer les blancs de poulet de tous côtés (en commençant toujours côté peau). Ajoutez l'ail et couvrez. Réduisez le feu et laissez mijoter pendant 20 minutes, jusqu'à ce que la viande soit tendre. Ôtez le poulet de la sauteuse et réservez-le au chaud. Jetez toute la graisse restant dans la sauteuse.

2 Commencez par ouvrir la fenêtre de votre cuisine ! Versez le vinaigre dans la sauteuse, puis déglacez les sucs de cuisson du poulet à l'aide d'une cuiller en bois. Portez doucement à ébullition et laissez frémir jusqu'à ce que le liquide soit réduit à la valeur de 2 cuillerées à soupe.

3 Ajoutez le vin, le xérès, la moutarde et la purée de tomates, mélangez bien et faites réduire à nouveau pour obtenir une sauce épaisse.

4 Dans une petite casserole à fond épais, faites bouillir la crème de façon qu'elle réduise de moitié, en remuant pour qu'elle ne brûle pas. Ôtez la casserole du feu et posez dessus une petite passoire. Filtrez la sauce, ainsi que les gousses d'ail à travers cette dernière, en appuyant avec une cuiller en bois.

5 Rectifiez l'assaisonnement de la sauce. Coupez les tomates en dés et incorporez-les à la sauce. Dressez le poulet sur les assiettes de service et arrosez de sauce. Servez avec des haricots verts et de la purée de pommes de terre.

60 Poulet sauté aux pommes de terre et aux épinards

Repas sans façons
Préparation : 45 minutes
Pour 4 personnes

1 cuillerée à soupe d'huile d'olive

25 g de beurre

4 blancs de poulet, avec la peau

1 oignon émincé

2 grosses pommes de terre, pelées et coupées en morceaux

30 cl de bouillon de poulet (voir p. 14)

200 g de feuilles de mini-épinards

sel de mer fraîchement moulu et poivre noir du moulin

Il s'agit probablement de la recette la plus simple de ce livre – un repas entier dans une casserole ! Le poulet est sauté avant d'être cuit avec les pommes de terre qui absorbent la sauce et l'épaississent. Ajoutés en fin de cuisson, les épinards conservent leur belle couleur verte, ainsi que leurs vitamines et minéraux.

1 Faites chauffer l'huile dans une sauteuse et ajoutez le beurre. Lorsqu'il commence à fumer, ajoutez les blancs de poulet, côté peau vers le bas pour commencer, puis faites-les dorer de tous côtés. Réservez sur une assiette.

2 Faites blondir l'oignon dans la même sauteuse, puis ajoutez les pommes de terre et mélangez bien. Laissez mijoter pendant 5 minutes, puis arrosez du bouillon et remettez les blancs de poulet dans la sauteuse. Salez et poivrez selon le goût. Couvrez et laissez frémir pendant 25 minutes, jusqu'à ce que les pommes de terre aient absorbé la plus grande partie du liquide.

3 Incorporez les épinards, couvrez à nouveau, et laissez cuire encore pendant 5 minutes. Arrosez d'un filet d'huile d'olive et servez immédiatement.

61 Poulet au paprika et aux poivrons rouges

Repas sans façons

Préparation : 50 minutes

Pour 4 personnes

8 cuisses ou pilons de poulet

sel de mer fraîchement moulu et poivre noir du moulin

3 cuillerées à soupe de farine

3 cuillerées à soupe de paprika doux

2 cuillerées à soupe d'huile de tournesol

25 g de beurre

2 gros oignons coupés en rondelles

1 gousse d'ail pilée

2 gros poivrons rouges, épépinés et coupés en fines lanières

1 cuillerée à café de gelée de groseille

200 g de tomates en boîte, hachées

1 cuillerée à café de concentré de tomate

1/2 cuillerée à café de feuilles de thym ciselées

60 cl de bouillon de poulet (voir page 14)

350 g de pommes de terre nouvelles, coupées en deux

POUR SERVIR :

4 cuillerées à soupe de crème aigre ou de crème fraîche

2 cuillerées à soupe de ciboulette ciselée

Avec les spaghettis à la bolognaise et le chili con carne, voici le genre de plat qui remporte tous les suffrages. Il a de plus l'avantage de très bien se congeler. Sa saveur dépend en grande partie de la qualité du paprika, aussi achetez ce dernier dans une épicerie fine ou prenez régulièrement des vacances en Hongrie ! Servez ce poulet avec des pâtes fraîches.

1 Préchauffez le four à 180 °C (thermostat 6). Pratiquez de profondes entailles dans la chair des cuisses ou des pilons, jusqu'à l'os. Salez et poivrez. Mettez la farine et 2 cuillerées à café de paprika dans un sac plastique et introduisez dans ce dernier quelques morceaux de poulet à la fois, en secouant bien pour les poudrer de manière uniforme. Disposez-les sur une assiette.

2 Faites chauffer une grande poêle, ajoutez l'huile de tournesol et juste assez de morceaux de poulet pour couvrir le fond – ne les serrez pas trop, ou la température baissera et vous obtiendrez une sorte de ragoût. Laissez frire sur feu moyen en retournant de temps en temps, jusqu'à ce que le poulet soit bien doré. Rectifiez l'assaisonnement et transférez dans une cocotte allant au four. Faites frire le reste de la viande de la même manière.

3 Ajoutez le beurre dans la poêle avec les oignons, l'ail, les poivrons rouges et le reste du paprika, et laissez revenir pendant 5 minutes. Incorporez la gelée de groseille, les tomates hachées et le concentré de tomate, et laissez mijoter pendant 2 minutes. Parsemez de thym ciselé et versez le bouillon de poulet. Laissez frémir pendant 5 minutes.

4 Versez cette sauce sur les morceaux de poulet et ajoutez les pommes de terre. Couvrez et enfournez pendant 25 à 30 minutes, jusqu'à ce que les pommes de terre soient tendres.

5 Servez immédiatement dans des bols chauds, avec une cuillerée de crème et de la ciboulette.

62 Foies de poulet à la *pancetta* et sauce aux oignons rouges

Repas de fête
Préparation : 35 minutes
Pour 4 personnes

POUR LA SAUCE :

4 cuillerées à soupe de vinaigre de vin rouge

1 cuillerée à soupe de gelée de groseille

40 cl de bouillon de poulet

2 cuillerées à soupe de marmelade d'oignons rouges (voir en bas de page)

POUR LA PURÉE :

400 g de pommes de terre à chair farineuse, pelées et coupées en morceaux

40 g de beurre

50 g de parmesan finement râpé

1 cuillerée à soupe de ciboulette finement ciselée, plus quelques tiges entières pour servir

POUR LES FOIES :

2 cuillerées à soupe d'huile d'olive

8 fines tranches de *pancetta* ou de jambon fumé

350 g de foies de poulet froids, parés

sel de mer fraîchement moulu et poivre noir du moulin

Voici un heureux mariage entre les saveurs des foies, du jambon et de l'oignon rouge, pour une entrée originale et savoureuse. L'onctuosité de la purée contraste avec la légère acidité de la sauce et la texture moelleuse des foies.

1 Pour la sauce, mettez le vinaigre et la gelée de groseille dans une petite casserole et faites chauffer sur feu doux jusqu'à ce que la gelée soit fondue. Portez à ébullition pour épaissir. Ajoutez le bouillon et poursuivez la cuisson jusqu'à ce qu'il soit réduit de moitié. Incorporez la marmelade d'oignons rouges et laissez bouillir pour obtenir environ 15 cl de sauce. Assaisonnez et réservez.

2 Faites cuire les pommes de terre à l'eau bouillante salée. Égouttez-les, mettez-les dans la casserole avec le beurre, le parmesan et la ciboulette. Mélangez bien. Assaisonnez et réservez au chaud (la purée garde sa chaleur plus d'une heure).

3 Faites chauffer une grande poêle, puis ajoutez l'huile d'olive et la *pancetta*. Laissez frire pendant 1 à 2 minutes de chaque côté, jusqu'à ce qu'elle soit dorée et croustillante. Réservez au chaud. Salez et poivrez les foies de poulet. Faites à nouveau chauffer la poêle, ajoutez les foies et laissez-les frire 1 minute sur chaque face. L'extérieur doit être saisi, mais l'intérieur doit rester rosé et juteux.

4 Sur quatre assiettes de purée, dressez les foies couronnés de deux tranches de *pancetta*, arrosez le pourtour de sauce et décorez de tiges de ciboulette.

Marmelade d'oignons rouges

Cette marmelade parfume agréablement les sucs de cuisson des viandes. Elle accompagne aussi bien les viandes froides, le gibier et le jambon. Émincez 1,5 kg d'oignons rouges. Faites chauffer sur feu moyen 8 cl d'huile d'olive dans une grande casserole, ajoutez les oignons, mélangez puis assaisonnez. Laissez cuire doucement à découvert pendant 1 heure environ, en remuant de temps en temps, jusqu'à ce que les oignons soient fondus et légèrement caramélisés. Ajoutez 12 cl de vinaigre de xérès ou de vin blanc et 2 cuillerées à soupe de crème de cassis. Laissez cuire 10 minutes jusqu'à ce que tout le vinaigre soit évaporé. Laissez refroidir, puis stockez dans des bocaux au réfrigérateur. Cette marmelade se conserve 6 à 8 semaines en ajoutant un film d'huile d'olive à la surface. Les quantités ci-dessus permettent d'en préparer 500 g environ.

63 Kebabs de poulet à la marjolaine et au citron

Plat léger
Préparation : 30 minutes, plus marinade
Pour 4 personnes

6 cuisses de poulet désossées de 150 g environ, sans la peau

20 petites tomates cerises

POUR LA MARINADE :

2 cuillerées à soupe de marjolaine finement ciselée

2 gousses d'ail pilées

le jus et le zeste finement râpé d'un gros citron

3 cuillerées à soupe d'huile d'olive

POUR LE RIZ PILAF :

1 petit oignon finement émincé

1 à 2 cuillerées à soupe d'huile d'olive

1 gousse d'ail pilée

50 g de tomates séchées au soleil et conservées dans l'huile, égouttées et grossièrement hachées

250 g de riz longs grains

30 cl de passata (coulis de tomate)

30 cl de bouillon de poulet (voir p. 14)

le jus et le zeste finement râpé d'un petit citron

3 cuillerées à soupe de basilic finement ciselé

sel de mer fraîchement moulu et poivre noir du moulin

Ce plat est excellent lorsqu'il est cuit sous le gril, mais rien ne vaut la cuisson au barbecue. Préférez la chair des cuisses pour cette recette car l'acidité du citron a tendance à dessécher celle des blancs ; les cuisses ont en outre une saveur plus prononcée. L'association de la marjolaine et du citron constitue l'une des plus délicates manières de relever le poulet. Un pilaf de riz aux tomates et au basilic est idéal pour accompagner ce plat.

1 Débitez chaque cuisse de poulet en quatre morceaux. Mettez-les dans un plat creux avec tous les ingrédients de la marinade, mélangez, couvrez et réservez à température ambiante pendant 2 heures, ou toute une nuit au réfrigérateur.

2 Faites tremper des brochettes en bambou (si vous en utilisez), pendant 30 minutes dans l'eau froide. Si vous cuisez vos kebabs au barbecue, attendez environ 40 minutes après l'avoir allumé afin que le charbon atteigne la bonne température. Si vous utilisez le gril, faites-le chauffer à température moyenne.

3 Pour préparer le pilaf, faites revenir l'oignon dans l'huile d'olive pendant 5 minutes, jusqu'à ce qu'il prenne légèrement couleur. Ajoutez l'ail et laissez cuire pendant encore 1 minute. Ajoutez ensuite les tomates séchées au soleil et le riz en mélangeant pour que les grains soient bien enrobés d'huile. Versez la passata et le bouillon, portez à ébullition, couvrez et laissez frémir pendant 20 minutes.

4 Pendant ce temps, garnissez 6 brochettes (métalliques ou en bambou) de 6 morceaux de poulet et de 5 tomates cerises, en alternant.

5 Quand le pilaf est à mi-cuisson, faites griller les kebabs au barbecue ou sur le gril en les retournant de temps en temps, jusqu'à ce qu'ils soient bien dorés.

6 Égrenez le riz à la fourchette, ajoutez le jus et le zeste de citron ainsi que le basilic, puis salez et poivrez selon le goût. Répartissez le pilaf dans quatre assiettes chaudes et disposez les brochettes dessus.

64 Poulet aux deux poivres

Rapide et facile
Préparation : 15 minutes
Pour 4 personnes

450 g de blancs de poulet, sans la peau

1 cuillerée à café ½ de sel de mer fraîchement moulu

1 cuillerée à café de poivre de Sichuan en grains

1 cuillerée à café de poivre noir en grains

huile végétale pour la friture

2 cuillerées à soupe de farine avec levure incorporée

coriandre fraîche pour garnir

POUR SERVIR :

riz basmati (voir p. 56)

légumes sautés

quartiers de citron

Le sel et les grains de poivre de Sichuan sautés « à sec » parfument à merveille les aliments ; les quantités indiquées ici constituent un minimum et correspondent en théorie à huit portions, mais le mélange se garde pendant des semaines dans un bocal hermétique. Cette recette est en fait celle du calmar aux deux poivres, adaptée au poulet. Tout le secret de la réussite consiste à découper la chair en fines lanières, puis à la cuire rapidement par petites quantités, sans qu'elle ait le temps de se dessécher. Servez ce plat avec une mayonnaise au basilic.

1 Coupez la chair du poulet en longues lanières. Réservez.

2 Faites chauffer une poêle à fond épais sur feu moyen. Ajoutez le sel et laissez cuire en remuant pendant 2 minutes, jusqu'à ce qu'il prenne une teinte grisâtre. Réservez dans un bol, remplacez-le par le poivre de Sichuan laissez chauffer pendant quelques minutes, jusqu'à ce qu'il commence à brunir et à libérer ses arômes. Mélangez-le au sel, et ajoutez le poivre noir en grains. Réduisez le tout en poudre à l'aide d'un moulin à café ou d'un pilon et d'un mortier.

3 Versez de l'huile végétale dans un wok ou dans une grande casserole jusqu'au tiers de la hauteur du récipient, ou utilisez une friteuse. Chauffez l'huile à 190 °C (utilisez un thermomètre si nécessaire).

4 Mélangez la moitié de la poudre de sel et de poivre à la farine, versez-la dans un sac plastique et ajoutez les lanières de poulet. Secouez le sac pour que tous les morceaux soient poudrés de manière uniforme.

5 Faites frire 5 à 6 lanières de chair à la fois dans l'huile chaude pendant environ 1 minute, jusqu'à ce qu'elles soient bien dorées tout en restant tendres. Sortez-les à l'aide d'une écumoire, égouttez-les sur du papier absorbant et gardez-les au chaud dans le four, à température modérée, pendant que vous cuisinez le reste du poulet.

6 Garnissez de brins de coriandre et servez avec du riz basmati, des légumes sautés et des quartiers de citron.

65 Satays de poulet sauce arachide

À préparer à l'avance

Préparation : 20 minutes, plus marinade

pour 4 personnes

6 gros blancs de poulet, sans la peau

75 g de vermicelles chinois

POUR LA MARINADE :

3 cuillerées à café de piment doux en poudre

1 cuillerée à soupe de sauce de soja claire (japonaise de préférence)

2 cuillerées à café de sucre de palme

une bonne pincée de curcuma en poudre

5 cl de lait de coco en boîte

1 cuillerée à soupe de jus de citron vert

POUR LA SAUCE :

2 cuillerées à soupe de beurre de cacahuète

3 gousses d'ail pilées

3 échalotes émincées

1 long piment rouge, épépiné et émincé

2 cuillerées à soupe de paprika

1 cuillerée à soupe ¹/₂ d'huile de tournesol

18 cl de lait de coco en boîte

1 cuillerée à soupe de sucre de palme

sel de mer fraîchement moulu

Les satays peuvent être préparés à l'avance et réservés sur une grille, sous un film alimentaire, jusqu'au moment de les cuisiner. Ils sont traditionnellement préparés en plein air dans les rues de Singapour, souvent par des enfants. Le piment doux en poudre est une épice précieuse, qui contient, outre le piment, du paprika, du cumin, de l'origan et souvent de l'ail. Il relève agréablement ce plat sans vous mettre la bouche en feu.

1 Débitez la chair du poulet en dés de 2,5 cm. Mélangez 2 cuillerées à café de piment doux et tous les autres éléments de la marinade dans un saladier. Ajoutez les dés de poulet, mélangez bien et laissez reposer pendant 2 heures à température ambiante, ou toute une nuit au réfrigérateur.

2 Une demi-heure avant de cuisiner les satays, faites tremper les brochettes en bambou (si vous en utilisez) dans l'eau froide. Pendant ce temps, préparez la sauce. Mettez la dernière cuillerée de piment dans un moulin à café avec l'ail, les échalotes, le piment émincé et le paprika et réduisez le tout en une pâte lisse. Faites chauffer l'huile de tournesol dans une petite casserole, ajoutez ce mélange et laissez cuire sur feu moyen pendant 3 minutes. Incorporez le lait de coco, le beurre de cacahuète, le sucre et du sel selon le goût ; portez doucement à ébullition et laissez frémir pendant 2 minutes. Laissez légèrement refroidir.

3 Si vous cuisinez au barbecue, allumez-le 40 minutes à l'avance pour permettre au charbon d'atteindre la bonne température. Sinon, préchauffez votre gril à température moyenne. Portez une grande casserole d'eau salée à ébullition. Piquez vos dés de poulet sur les brochettes et faites-les cuire ces dernières pendant 8 minutes en les retournant de temps en temps, jusqu'à ce que la viande ait pris couleur à l'extérieur tout en restant juteuse à l'intérieur.

4 Pendant ce temps, jetez les vermicelles dans l'eau bouillante, retirez la casserole du feu et laissez-les tremper pendant 3 minutes. Égouttez bien, laissez légèrement refroidir et assaisonnez.

5 Répartissez la sauce dans quatre ramequins et servez immédiatement avec les vermicelles et les brochettes.

66 Teriyaki au poulet

À préparer à l'avance
Préparation : 15 minutes, plus marinade
Pour 4 personnes

4 blancs de poulet désossés, sans la peau

huile de tournesol

POUR LA MARINADE :

1 cuillerée à café de sucre en poudre

1 cuillerée à café de *mirin* (vin de riz japonais) ou de xérès sec

2 cuillerées à soupe de sauce de soja claire (japonaise de préférence)

1 cuillerée à soupe d'huile de tournesol

1 cuillerée à café de moutarde de Dijon

un trait de jus de citron

2 cuillerées à soupe de miel liquide, chauffé

Ce plat traditionnel japonais se réalise en enfilant de fines lanières de poulet en zigzag sur des brochettes. De cette façon, la marinade imprègne bien la chair et celle-ci cuit très rapidement. Dans de nombreuses recettes le miel est ajouté à la marinade, ce qui évite de faire brûler les brochettes avant qu'elles ne soient cuites. Il est préférable de les badigeonner de miel chaud juste avant de les servir. N'oubliez pas de mouiller vos brochettes au préalable pour éviter qu'elles s'enflamment dans le barbecue.

1 Coupez le poulet en longues lanières de 2,5 cm de largeur et de 5 mm d'épaisseur environ.

2 Mélangez tous les ingrédients de la marinade sauf le miel et versez-la sur le poulet. Couvrez et laissez reposer toute une nuit à température ambiante ou dans le réfrigérateur.

3 Si vous utilisez des brochettes en bambou, faites-les tremper dans l'eau froide pendant 30 minutes.

4 Si vous cuisez vos brochettes au barbecue, allumez celui-ci 40 minutes à l'avance pour que le charbon soit à la bonne température. Si vous utilisez un gril, préchauffez-le à température moyenne. Enfilez vos lanières de chair marinée sur des brochettes en bambou ou en métal, badigeonnez la viande avec un peu d'huile et faites griller pendant 2 à 3 minutes de chaque côté. Badigeonnez de miel chaud avant de servir.

67 Brochettes marocaines aux dattes et au bacon

Rapide et facile
Préparation : 30 minutes, plus marinade
Pour 4 personnes

4 blancs de poulet désossés, sans la peau

5 cuillerées à soupe d'huile d'olive

1 cuillerée à soupe de jus de citron

1 cuillerée à café de sucre roux

4 cuillerées à café d'harissa

2 gousses d'ail pilées

sel de mer fraîchement moulu et poivre noir du moulin

12 dattes fraîches

6 tranches de bacon coupées en deux

12 abricots secs, prêts à consommer sans trempage

POUR LE COUSCOUS :

1 oignon finement émincé

1 grosse gousse d'ail pilée

3 cuillerées à soupe de ras-el-hanout

35 cl de bouillon de poulet

225 g de semoule

6 oignons verts finement émincés

2 piments rouges longs, épépinés et finement émincés

50 g de pignons de pins grillés

le jus et le zeste finement râpé d'un citron

1 cuillerée à soupe 1/2 de coriandre et de menthe, ciselées

Il s'agit là d'un mets omniprésent au Maroc, que l'on trouve dans les rues de toutes les villes, cuisiné en plein air, et que vous achetez même si vous n'avez pas faim tant son arôme met en appétit.
Le *ras-el-hanout*, mélange traditionnel d'épices pour le couscous et les tagines, se trouve dans les grands supermarchés. Préparez vos brochettes à l'avance et laissez-les mariner au réfrigérateur, à couvert, sinon votre beurre aura goût d'ail !

1 Coupez le poulet en morceaux de 4 cm. Mettez-les dans un saladier avec 2 cuillerées à soupe d'huile d'olive, le jus de citron, le sucre, l'harissa et l'ail, sel et poivre. Mélangez bien, couvrez et laissez mariner à température ambiante pendant 2 heures ou toute une nuit au réfrigérateur.

2 Si vous utilisez des brochettes en bambou faites-les tremper dans l'eau froide pendant 30 minutes. Fendez chacune des dattes et extrayez les noyaux à l'aide d'un couteau pointu. Étirez les tranches de bacon, puis enroulez-les autour des dattes. Garnissez quatre brochettes de morceaux de poulet, de dattes au bacon et d'abricots en alternant, puis réservez.

3 Si vous utilisez le barbecue, allumez-le 40 minutes à l'avance pour que le charbon atteigne la bonne température. Si vous utilisez le gril, préchauffez-le à température moyenne. Faites cuire vos brochettes pendant 10 à 12 minutes en les retournant de temps en temps, jusqu'à ce que le bacon soit croustillant et le poulet cuit, tout en restant moelleux à l'intérieur. Réservez au chaud.

4 Préparez ensuite le couscous. Faites chauffer la moitié de l'huile d'olive restante dans une casserole. Ajoutez l'oignon et laissez-le revenir jusqu'à ce qu'il prenne couleur. Ajoutez l'ail et laissez cuire encore 1 minute, puis incorporez le *ras-el-hanout* et poursuivez la cuisson 1 minute supplémentaire. Versez le bouillon et portez à ébullition. Ajoutez la semoule en pluie, laissez reprendre l'ébullition, puis remuez. Couvrez, ôtez la casserole du feu et laissez gonfler pendant 5 minutes. Découvrez et égrenez la semoule à l'aide d'une fourchette. Ajoutez le restant d'huile et les autres ingrédients, puis salez et poivrez selon le goût.

5 Répartissez le couscous dans quatre assiettes chaudes et dressez les brochettes à côté.

68 Brochettes de poulet au sésame

Rapide et facile
Préparation : 15 minutes
Pour 6 personnes

50 g de *pancetta* ou de jambon fumé, débités en dés

450 g de blancs de poulet sans la peau, débités en gros dés

1 blanc d'œuf

1 cuillerée à café de sel

1/2 cuillerée à café de sucre

1 cuillerée à café de maïzena

2 cuillerées à café d'huile de sésame

6 châtaignes d'eau en boîte, égouttées et finement hachées

2 oignons verts finement émincés

graines de sésame

huile végétale pour la friture (facultatif)

sauce de soja claire (japonaise de préférence) et sauce piment douce pour servir

Ces petites brochettes évoquent les satays asiatiques. Elles sont à la fois croustillantes à l'extérieur et moelleuses à l'intérieur. Le fait de hacher le poulet avec le jambon permet d'apporter l'onctuosité nécessaire à la chair, afin qu'elle reste tendre sous la couche de graines de sésame. Vous pouvez remplacer les châtaignes d'eau par des cacahuètes si vous le désirez. Les brochettes peuvent être soit frites, soit grillées.

1 Préparez 24 brochettes. Si vous utilisez des brochettes en bambou, faites-les tremper 20 minutes dans l'eau froide. Mettez les dés de jambon et de poulet dans le bol d'un robot ménager et mixez pour obtenir une pâte très lisse.

2 Mélangez dans un petit saladier les blancs d'œufs, le sel, le sucre, la maïzena et l'huile de sésame. Versez ce mélange dans le bol du robot ménager et mixez pour obtenir une pâte légèrement visqueuse.

3 Versez la pâte dans un saladier et incorporez les châtaignes et les oignons verts.

4 Enrobez la moitié supérieure de chaque brochette (en bambou ou en métal) d'une épaisse couche de ce mélange.

5 Étalez les graines de sésame sur une assiette plate et roulez-y chaque brochette pour les faire adhérer à la pâte.

6 Si vous utilisez le barbecue, allumez-le 40 minutes à l'avance pour que le charbon soit à la bonne température. Si vous les grillez, préchauffez le gril à température moyenne. Vous pouvez également remplir aux trois quarts un wok ou une grande casserole d'huile végétale, ou encore utiliser une friteuse, et chauffer l'huile à 180 °C (utilisez un thermomètre si nécessaire). Faites griller les brochettes pendant 1 minute 1/2 ou faites-les frire dans l'huile pendant 2 minutes, jusqu'à ce qu'elles soient bien dorées. Égouttez-les dans ce dernier cas sur du papier absorbant et servez immédiatement, avec des petits bols de sauce de soja et de sauce piment.

69 Tikka de poulet à la menthe et à la coriandre

Repas sans façons
Préparation : 15 minutes, plus marinade
Pour 6 personnes

450 g de blancs de poulet, sans la peau

1 oignon rouge finement émincé et salé pour servir

POUR LA MARINADE :

2,5 cm de racine de gingembre pelée

1 gousse d'ail grossièrement émincée

1 cuillerée à café de cumin en poudre

1 piment rouge coupé en deux et épépiné

1/2 de cuillerée à café de piment doux en poudre

5 cl de yaourt à 0 %

1 cuillerée à soupe d'huile d'olive

colorants alimentaires rouge et jaune (facultatif)

sel de mer fraîchement moulu

POUR LE CHUTNEY À LA MENTHE ET À LA CORIANDRE :

1/2 cuillerée à café de pâte de tamarin (ou jus de 1/2 citron vert)

25 g de coriandre fraîche

25 g de menthe fraîche (y compris les jeunes tiges)

1 piment vert coupé en deux

1 cuillerée à café de sucre

15 cl de yaourt à 0 %

Tikka signifie tout simplement « coupé en petits morceaux ». Cela présente l'avantage de pouvoir cuire le poulet en quelques minutes. Servez ce plat avec un pain sans levain, naan ou pitta, par exemple.

1 Débitez le poulet en dés de 2 cm.

2 Mettez tous les ingrédients de la marinade dans le bol d'un robot ménager et mixez pour obtenir une pâte lisse. Mélangez cette dernière avec les dés de poulet. Couvrez et laissez mariner 2 heures ou plus au réfrigérateur.

3 Préparez 6 brochettes. Si elles sont en bambou, faites-les tremper dans l'eau froide pendant 20 minutes. Faites chauffer une poêle à fond nervuré ou allumez le barbecue.

4 Préparez le chutney. Mélangez la pâte de tamarin ou le jus de citron vert avec le sel et le sucre en poudre jusqu'à ce que ces derniers soient dissous. Prélevez les feuilles de coriandre et de menthe et lavez-les (ainsi que les tiges les plus jeunes, elles ont le plus de goût). Mettez tous ces ingrédients dans le bol d'un robot ménager et mixez jusqu'à obtenir une pâte épaisse. Vous pouvez l'utiliser telle quelle à la manière d'un pesto, étalée sur le pain pour accompagner les brochettes en servant le yaourt à part, ou la mélanger avec celui-ci pour obtenir une sauce rafraîchissante.

5 Garnissez des brochettes de cubes de poulet, en serrant bien ces derniers les uns contre les autres. Si vous utilisez un barbecue, attendez que ce dernier soit allumé depuis 40 minutes pour obtenir la bonne température. Si vous les faites griller, préchauffez le gril à température moyenne. Laissez-les cuire pendant 6 minutes en les retournant de temps en temps et en vous assurant qu'elles grillent de manière régulière. Servez avec du pain sans levain, le chutney et de l'oignon rouge finement émincé et légèrement salé.

70 Poulet tandoori

Repas sans façons

Préparation : 95 minutes,
plus marinade

Pour 6 personnes

1 poulet de 1,5 kg

1 cuillerée à café de piment en
poudre

1 cuillerée à café de sel

poivre noir du moulin

2 cuillerées à soupe de jus de
citron

50 g de beurre clarifié
(voir p. 18) ou de beurre fondu

POUR LA MARINADE :

3 cuillerées à soupe de yaourt

4 gousses d'ail

1 cuillerée à soupe de sucre
de palme

5 cm de racine de gingembre
pelée et émincée

1 cuillerée à café de graines de
cumin grossièrement pilées
dans un mortier

1 cuillerée à soupe de graines de
coriandre grossièrement pilées
dans un mortier

2 piments rouges épépinés
et grossièrement émincés

1 cuillerée à café de *garam
masala*

quelques gouttes de colorant
alimentaire rouge (facultatif)

Bien qu'il soit difficile d'obtenir une chaleur identique à celle d'un tandoor indien (four en terre), il est possible de réussir cette recette avec un barbecue fermé. L'air chaud circule ainsi autour du poulet, laissant sa chair tendre et juteuse. Vous obtiendrez un résultat moins satisfaisant dans un four traditionnel. Sortez le poulet du réfrigérateur au moins 20 minutes avant de le cuisiner, il sera plus tendre.

1 Commencez la veille en ôtant la peau du poulet et en l'essuyant avec un linge propre s'il est un peu visqueux. À l'aide d'un couteau pointu, pratiquez de profondes fentes dans les blancs et les cuisses de la volaille. Mélangez le piment en poudre, le sel, le poivre et le jus de citron et badigeonnez-en le poulet en vous assurant que le liquide pénètre bien dans les entailles. Réservez pendant 20 minutes.

2 Pendant ce temps, préparez la marinade. Mettez tous les ingrédients (y compris le colorant alimentaire si vous en utilisez) dans le bol d'un robot ménager et mixez pour obtenir une purée lisse. Mettez le poulet dans un plat en verre ou en inox et arrosez-le de cette marinade. Couvrez et réservez au réfrigérateur pendant toute la nuit.

3 Préchauffez le four à 220 °C (thermostat 8). Pendant que le four chauffe, sortez le poulet du réfrigérateur et laissez-le revenir à température ambiante. Posez-le sur une grille au-dessus d'un plat à rôtir, arrosez-le du reste de la marinade et badigeonnez-le de beurre clarifié ou de beurre fondu.

4 Enfournez le poulet pendant 1 heure, jusqu'à ce que le jus coule clair lorsque vous piquez la partie la plus charnue des cuisses avec une brochette. Arrosez fréquemment avec le reste de beurre clarifié et le jus de cuisson. Sortez le poulet du four et laissez-le reposer quelques minutes avant de le découper.

71 Wontons au coulis de poivrons rouges

Repas de fête
Préparation : 1 heure
Pour 4 personnes

450 g de blancs de poulet, sans la peau, débités en dés

100 g de *pancetta* ou de jambon fumé, débités en dés

4 cm de racine de gingembre fraîche, pelée et grossièrement émincée

1 gousse d'ail pilée

une petite poignée de feuilles de coriandre grossièrement ciselées

1 blanc d'œuf

sel de mer fraîchement moulu et poivre noir du moulin

24 feuilles de pâte à wontons (congelez le reste du paquet pour un usage ultérieur)

huile végétale pour la friture

POUR LE COULIS :

4 poivrons rouges coupés en deux et épépinés

4 cuillerées à soupe d'huile d'olive extra vierge

4 gousses d'ail grossièrement émincées

4 échalotes émincées

1 cuillerée à soupe de paprika

1 piment rouge épépiné et finement émincé

2 cuillerées à soupe de vinaigre balsamique

1 petit bouquet de ciboulette pour garnir (facultatif)

Ces petits raviolis allient les arômes de l'Asie et de la Méditerranée. Ils peuvent être préparés le matin, mis au réfrigérateur sous film plastique toute la journée et sortis le soir juste avant de les frire. Aussi bons froids que chauds, ils restent croustillants des heures.

1 Commencez par préparer le coulis (vous pouvez le faire à l'avance et le garder au réfrigérateur). Préchauffez le four à 190 °C (th. 6-7). Disposez les poivrons, peau vers le bas, dans un plat à rôtir, puis badigeonnez-les d'une cuillerée à soupe d'huile d'olive et parsemez-les d'ail. Enfournez-les envion 30 minutes, jusqu'à ce qu'ils commencent à se recroqueviller et à brunir. Sortez-les du plat, mettez-les dans un saladier, couvrez ce dernier d'un film alimentaire et laissez reposer 15 minutes. Ôtez alors la peau des poivrons et mettez-les dans le bol d'un robot ménager, avec l'ail et les sucs de cuisson.

2 Faites fondre l'échalote dans 1 cuillerée à soupe d'huile d'olive jusqu'à ce qu'elle soit tendre. Ajoutez le paprika et poursuivez la cuisson pendant 1 à 2 minutes, puis versez ce mélange dans le bol du robot ménager, avec le piment, le vinaigre et le reste de l'huile d'olive. Mixez pour obtenir une purée et filtrez celle-ci à travers une passoire si vous souhaitez obtenir un coulis bien lisse. Réservez.

3 Mixez le poulet, le jambon, le gingembre, l'ail, la coriandre, le blanc d'œuf et 1 cuillerée à café de sel jusqu'à obtenir une pâte lisse. Assaisonnez.

4 Séparez les feuilles de pâte à wontons et posez-les sur le plan de travail. Déposez une cuillerée à café de farce au poulet sur chacune d'entre elles et badigeonnez les bords avec un peu d'eau. Joignez deux angles opposés ensemble, puis faites de même avec les deux angles restants, en pinçant la pâte pour obtenir des petits baluchons.

5 Versez de l'huile dans un wok, au tiers de la hauteur du récipient, et chauffez-la à 180 °C (utilisez un thermomètre si nécessaire). Faites frire 5 à 6 wontons à la fois pendant environ 1 minute, jusqu'à ce qu'ils soient bien dorés. Égouttez-les sur du papier absorbant et gardez-les au chaud pendant que vous cuisinez les autres.

6 Versez le coulis dans des petits bols individuels et décorez de ciboulette si vous le souhaitez. Disposez les wontons sur un plat et servez.

72 Poulet à la jamaïcaine

Repas sans façons

Préparation : 95 minutes,
plus marinade

Pour 4 personnes

2 oignons émincés

**3 piments rouges, épépinés et
grossièrement émincés**

2 gousses d'ail

**4 cm de racine de gingembre
pelée et grossièrement émincée**

**2 cuillerées à soupe de feuilles
de marjolaine ou de thym**

**1/2 cuillerée à café de poudre
de cinq épices**

12 cl de vinaigre de cidre

**12 cl de sauce de soja claire
(de préférence japonaise)**

1 cuillerée à soupe de miel

**sel de mer fraîchement moulu
et poivre noir du moulin**

**1 poulet de 1,5 kg coupé en
quatre**

**riz basmati pour servir
(voir p. 56)**

Cette recette utilise un poulet non désossé. Vous devez donc acheter un poulet entier et le découper vous-même (voir pp. 9-10) ou le faire découper par votre volailler.

1 Mettez les oignons, les piments, l'ail, le gingembre et la marjolaine ou le thym dans le bol d'un robot ménager et mixez jusqu'à ce qu'ils soient bien mélangés. Ajoutez la poudre de cinq épices, le vinaigre, la sauce de soja et le miel, puis mixez à nouveau pour obtenir un mélange lisse. Salez et poivrez.

2 Entaillez profondément la chair du poulet en différents endroits et placez les morceaux dans un grand plat peu profond. Versez la sauce dessus et réservez au réfrigérateur pendant 2 à 3 heures ou toute une nuit.

3 Préchauffez le four à 200 °C (thermostat 7). Disposez les morceaux de poulet sur une grille installée au-dessus d'un grand plat à rôtir. Versez dessus la marinade et faites rôtir pendant 40 à 45 minutes en arrosant régulièrement la volaille du jus de la marinade. Servez avec du riz basmati.

73 Enchiladas de poulet et guacamole

Repas sans façons
Préparation : 15 minutes
Pour 6 personnes

12 tortillas

25 cl d'huile de tournesol

**90 cl de sauce tomate
(voir p. 50)**

**2 gros blancs de poulet,
cuits et coupés en lanières**

225 g de feta émiettée

**1 petit bol de piment rouge
ou vert, finement émincé**

2 oignons finement émincés

**3 cuillerées à soupe de coriandre
ciselée**

salade verte pour servir

POUR LE GUACAMOLE :

**2 avocats bien mûrs,
pelés et dénoyautés**

le jus de 1 à 2 citrons verts

**1/2 oignon râpé ou 1 gousse d'ail
pilée avec un peu de sel**

**1 piment vert épépiné
et finement émincé**

**2 cuillerées à soupe de coriandre
fraîche ciselée**

**sel de mer fraîchement moulu
et poivre noir du moulin**

Un plat qui se prépare rapidement, idéal pour utiliser des restes de poulet. Il se déguste avec les doigts, aussi inutile de dire que les enfants l'adorent (ne forcez pas trop sur les piments toutefois). Les tortillas doivent être rapidement passées à l'huile pour être plus faciles à façonner.

1 Mettez tous les ingrédients du guacamole dans un saladier et écrasez-les grossièrement à la fourchette. Couvrez et réservez.

2 Faites frire chaque tortilla dans de l'huile de tournesol très chaude pendant 30 secondes. Cela les réchauffe et les rend plus faciles à fermer – ne les laissez surtout pas brunir, ni devenir croustillantes. Égouttez-les sur du papier absorbant, puis entourez-les d'un torchon propre pour les garder au chaud jusqu'à ce qu'elles soient toutes frites.

3 Réchauffez la sauce tomate et gardez-la au chaud. Mettez tous les autres ingrédients sur la table, dans des bols séparés.

4 Chaque convive doit préparer lui-même ses enchiladas, en y ajoutant un peu de sauce, du poulet, de la feta, du piment, de l'oignon et de la coriandre avant de la rouler. À déguster immédiatement, avec le guacamole et une grosse salade verte.

104

74 Poulet à la mexicaine

Repas sans façons
Préparation : 35 minutes, plus marinade
Pour 6 personnes

8 cuisses de poulet désossées de 175 g environ, sans la peau

2 à 3 cuillerées à soupe d'huile végétale

6 cuillerées à soupe de pâte de piment (pour une version maison, voir en bas de page)

3 cuillerées à soupe de purée de tomates

1 bouillon cube de poulet, émietté

25 g de chocolat noir, coupé en gros morceaux

400 g de haricots rouges en boîte, égouttés

grains de sésame grillés et coriandre pour garnir

POUR LA MARINADE :

2 cuillerées à soupe de vinaigre balsamique

3 gousses d'ail pilées

1/2 cuillerée à café de sucre

sel de mer fraîchement moulu et poivre noir du moulin

Ajoutez un peu de chocolat dans la sauce, tout comme le font les Mexicains dans le *mole poblano*, leur fameux plat de fête à base de dinde à la sauce sombre et épicée. Cela ne donne pas au plat un goût de chocolat, mais une saveur incomparable.

1 Coupez les cuisses de poulet en gros morceaux. Mélangez tous les ingrédients de la marinade dans un saladier et ajoutez le poulet. Mélangez bien, couvrez et laissez mariner pendant au moins 2 heures.

2 Faites chauffer 2 cuillerées à soupe d'huile de tournesol dans une cocotte ou une grande casserole et faites frire les morceaux de poulet jusqu'à ce qu'ils soient bien dorés de tous côtés. Transférez-les sur une assiette à l'aide d'une écumoire.

3 Faites à nouveau chauffer la cocotte en ajoutant une cuillerée à soupe d'huile si nécessaire. Ajoutez la pâte de piment et laissez frire sur feu moyen pendant 5 minutes jusqu'à ce qu'elle s'épaississe, en remuant et en grattant le fond à l'aide d'une cuiller en bois pour qu'elle n'attache pas. Cela contribue à libérer les arômes des épices.

4 Ajoutez la purée de tomate, le bouillon cube et le chocolat. Versez dessus 45 cl d'eau et portez à ébullition en remuant pour dissoudre le chocolat. Laissez frémir pendant 20 minutes en remuant de temps en temps pour la sauce n'attache pas.

5 Ajoutez le poulet et les haricots et laissez frémir 15 minutes supplémentaires, jusqu'à ce que le poulet soit bien cuit et que la sauce s'épaississe. Parsemez de grains de sésame grillés et de coriandre ciselée. Servez avec du riz ou des tortillas chips.

Pâte de piment

Faites griller 3 cuillerées à soupe de grains de sésame dans une petite poêle. Quand ils sont bien dorés, mettez-les dans le bol d'un robot ménager avec 2 poivrons rouges rôtis dont vous aurez ôté la peau (voir p. 101), 1 gros oignon émincé, 8 tortillas chips au naturel (achetez un sac et mangez le reste avec le poulet), 2 gousses d'ail pilées, 2 à 3 cuillerées de piment doux en poudre (voir p. 92), une bonne pincée de cannelle en poudre, 2 clous de girofle, un petit bouquet de coriandre (y compris les queues), 3 cuillerées à soupe de beurre de cacahuète et 15 cl d'eau. Mixez pour obtenir une pâte lisse.

Repas de fête
Préparation : 30 minutes, plus marinade
Pour 4 personnes

4 cuisses de poulet désossées de 175 g environ, avec la peau

4 cuillerées à soupe d'huile de tournesol

une boîte de lait de coco de 400 g

20 cl de bouillon de poulet (voir page 14) ou un bouillon-cube dilué dans la même quantité d'eau

4 cuillerées à café de pâte de curry vert thaïlandais du commerce, ou 6 cuillerées à soupe de curry fait maison (voir en bas de page)

6 feuilles de *combava* (ou le zeste râpé de 3 citrons verts)

¹/₂ cuillerée à café de sel

2 cuillerées à soupe de sauce de poisson thaïlandaise (*nam pla*)

un trait de jus de citron (facultatif)

2 cuillerées à soupe de basilic finement ciselé, et un peu plus pour servir

2 cuillerées à soupe de coriandre finement ciselée

POUR SERVIR :

quartiers de citron vert

riz basmati (voir p. 56)

Il s'agit là d'un de ces plats dont on garde longtemps le souvenir. Préparez une grande quantité de pâte de curry et congelez-la dans des bacs à glaçons. Pour préparer ce plat à l'avance, ne mettez que la moitié de la pâte pendant la cuisson, puis laissez refroidir. Vous ajouterez le reste lorsque vous le ferez réchauffer pour préserver toutes les fragrances des épices et la belle couleur verte de la sauce.

1 Coupez chaque cuisse de poulet en 4 morceaux de même taille. Faites chauffer une poêle ou un wok et versez-y l'huile de tournesol. Faites frire les morceaux de poulet sur feu vif jusqu'à ce qu'ils soient bien dorés de tous côtés, puis ajoutez le lait de coco, le bouillon, la pâte de curry les feuilles de *combava* ou le zeste de citron vert et le sel. Portez à ébullition et laissez frémir pendant 10 minutes, jusqu'à ce que la chair du poulet soit tendre.

2 Mélangez bien les ingrédients pour éviter qu'ils attachent et ôtez les feuilles de *combava*. Incorporez le *nam pla*, goûtez et rectifiez l'assaisonnement. Ajoutez un peu de jus de citron si nécessaire.

3 Répartissez dans les assiettes de service, décorez de basilic et servez avec des quartiers de citron vert et du riz basmati.

Pâte de Curry verte thaïlandaise

Rien de plus simple que de préparer votre propre pâte de curry. Il y a beaucoup d'ingrédients, mais un mixeur facilite le travail. Épépinez et émincez 6 longs piments verts. Ciselez grossièrement 2 tiges de citronnelle et 50 g de coriandre. Pelez et émincez 2,5 cm de racine de galaga ou de gingembre et 2 échalotes. Pelez 3 gousses d'ail. Mettez tous ces ingrédients dans le bol d'un robot ménager avec 1 cuillerée à café de cumin en poudre, le zeste finement râpé et le jus d'un citron vert et 15 cl de bouillon de poulet. Mixez jusqu'à obtenir une pâte lisse. Ces quantités correspondent à 30 cl ou 12 cuillerées à soupe de pâte, largement de quoi préparer deux currys. Il est malheureusement difficile d'en faire moins, mais elle se congèle très bien.

76 Curry express au poulet

2 cuillerées à soupe d'huile végétale

1 petit kilo de blancs de poulets sans la peau, coupés en dés de 3 cm

2 oignons grossièrement émincés

4 gousses d'ail pilées

1 cuillerée à soupe de racine de gingembre râpée

1 cuillerée à soupe de farine

1 cuillerée à soupe de curcumin en poudre

1 cuillerée à soupe de *garam massala*

1 cuillerée à soupe de piment en poudre

400 g de tomates en boîte, hachés

1 boîte de lait de coco de 400 g

45 cl de bouillon de poulet, préparé avec un bouillon cube

4 cuillerées à soupe de chutney de mangue

250 g de mini-feuilles d'épinard, sans les queues

20 cl de yaourt à la grecque

sel de mer fraîchement moulu et poivre noir du moulin

riz blanc et naan pour servir

Cette recette est à la fois simple et rapide à réaliser, même si le nombre des ingrédients peut sembler impressionnant. Préparez-les tous à l'avance et vous obtiendrez un délicieux curry en un tournemain.

1 Faites chauffer 1 cuillerée à soupe d'huile végétale dans une grande casserole. Ajoutez les dés de poulet, faites-les frire jusqu'à ce qu'ils soient légèrement brunis de tous côtés, puis égouttez-les sur du papier absorbant.

2 Versez le reste de l'huile dans la casserole, ajoutez les oignons, l'ail et le gingembre, et faites-les revenir doucement pendant quelques minutes, jusqu'à ce qu'ils aient pris couleur et se soient attendris. Ajoutez la farine et les épices et prolongez la cuisson pendant quelques minutes.

3 Ajoutez les tomates et le lait de coco dans la casserole, ainsi que les dés de poulet et juste assez de bouillon pour couvrir le tout. Déglacez le fond à l'aide d'une cuiller en bois et mélangez bien. Portez à ébullition, puis réduisez le feu et laissez frémir pendant 20 minutes en remuant de temps en temps.

4 Incorporez le chutney et ajoutez les épinards en fin de cuisson. Laissez cuire pendant 2 minutes pour faire blanchir les épinards, puis ajoutez le yaourt, sel et poivre. Servez avec du riz blanc et du naan.

Curry de poulet malais

Repas sans façons
Préparation : 40 minutes
Pour 6 personnes

5 cuillerées à soupe d'huile végétale

3 cuillerées à soupe d'épices mélangées (voir ci-dessous)

450 g de blancs de poulet désossés, sans la peau, débités en dés

450 g de potiron ou de courge musquée, pelés et coupés en gros morceaux

300 g de pommes de terre nouvelles coupées en deux

1 petite aubergine coupée en dés

1 cuillerée à café de sel

1 boîte de lait de coco de 400 g

3 tomates mûres coupées en quatre

coriandre fraîche ciselée pour garnir

riz blanc pour servir

POUR LA PURÉE D'OIGNONS :

3 oignons émincés

4 gousses d'ail émincées

1 cuillerée à soupe de racine de gingembre émincée

8 piments rouges séchés, trempés et émincés (si vous préférez un curry moins relevé, diminuez la quantité)

1 cuillerée à soupe de paprika doux

2 cuillerées à soupe d'amandes effilées ou grillées

½ tige de citronnelle ciselée

Les currys malais ont souvent une saveur un peu « sucrée », due aux épices comme les clous de girofle, la noix muscade et la cannelle qui entrent dans leur composition. Les graines de fenouil, souvent présentes, ajoutent une note anisée aux sauces. Cette recette est en principe très relevée, aussi n'hésitez pas à réduire la quantité de piment. Une tradition malaise consiste à réduire les oignons en purée avant de les faire frire afin qu'ils libèrent tous leurs arômes – cela donne également une sauce plus moelleuse.

1 Mettez tous les ingrédients de la purée d'oignons dans le bol d'un robot ménager. Ajoutez 3 cuillerées d'huile végétale et mixez pour obtenir une purée. Il sera peut-être nécessaire d'incorporer 1 à 2 cuillerées d'eau pour rendre la purée plus liquide. N'ayez pas peur d'en ajouter une grande quantité, elle s'évaporera à la cuisson.

2 Faites chauffer le reste de l'huile dans une grande sauteuse. Ajoutez la purée d'oignon et laissez revenir pendant 5 minutes. Incorporez les épices et les dés de poulet, le potiron, les pommes de terre et l'aubergine, puis mélangez bien. Laissez frire jusqu'à ce que la purée d'oignon prenne une teinte brunâtre, puis salez et versez 50 cl d'eau. Portez à ébullition et laissez frémir à découvert pendant 20 minutes.

3 Ajoutez le lait de coco et les tomates, puis laissez frémir encore pendant 15 minutes, jusqu'à ce que la sauce épaississe et que les légumes soient bien tendres. Parsemez de coriandre ciselée et servez avec un riz blanc.

Mélange d'épices malais

Mettez 2 cuillerées à soupe de graines de coriandre, 1 cuillerée à soupe de graines de cumin et 2 cuillerées à café de graines de fenouil dans une poêle à fond épais avec 6 grains de poivre noir, 6 clous de girofle, un bâton de cannelle de 5 cm et 1/4 de cuillerée à café de noix muscade râpée. Faites frire à sec sur feu moyen jusqu'à ce que les arômes se libèrent – ne laissez pas les épices prendre couleur, car elles auraient un goût amer. Versez le tout dans le bol d'un robot ménager ou d'un moulin à café (mais n'utilisez ce dernier que pour cet usage, car vous risqueriez d'avoir de mauvaises surprises de bon matin). Ajoutez une cuillerée à café de curcuma en poudre, mélangez, et vos épices sont prêtes à l'emploi.

78 Poulet frit à l'aigre-douce

Repas sans façons
Préparation : 20 minutes, plus marinade
Pour 4 personnes

450 g de blancs de poulet, sans la peau, coupés en petits dés

2 cuillerées à soupe de sauce de soja claire (japonaise de préférence)

½ cuillerée à café de sel

poivre noir du moulin

2 cuillerées à soupe de maïzena

huile végétale pour la friture

POUR LA PÂTE :

250 g de farine avec levure incorporée

30 cl de bière blonde

sel de mer fraîchement moulu et poivre noir du moulin

POUR SERVIR :

riz basmati (voir p. 56)

petits pois sautés au sucre

30 cl de sauce aigre-douce du commerce ou de sauce maison (voir en bas de page)

Avec une pâte légère qui magnifie le moelleux de la chair du poulet et une sauce qui allie joliment les saveurs épicées, aigres et plus douces, ces beignets surprendront même les habitués des restaurants chinois. La sauce peut être achetée dans le commerce – il en existe d'excellentes – ou cuisinée à la maison. Il s'agit là d'un véritable régal qui se cuisine facilement.

1 Mélangez les dés de poulet avec la sauce de soja, le sel et le poivre. Laissez mariner pendant 1 heure.

2 Mélangez la farine, la bière, le sel et le poivre pour obtenir une pâte lisse. Utilisez-la sans la laisser reposer. Mettez les dés de poulet dans un sac plastique avec la maïzena et secouez énergiquement pour les poudrer de manière uniforme.

3 Remplissez un wok (ou une grande sauteuse) d'huile au tiers de sa hauteur, puis chauffez-la à 190 °C (utilisez un thermomètre si nécessaire). Trempez rapidement un tiers des cubes de poulet dans la pâte et secouez-les pour en éliminer l'excès, puis plongez-les dans l'huile bouillante. Laissez frire 1 minute en remuant doucement pour empêcher les dés de s'agglomérer. Égouttez sur du papier absorbant, puis cuisinez le reste de la viande de la même manière.

4 Répartissez les dés de poulet entre quatre bols chauds et versez dessus la sauce chaude. Servez avec du riz basmati et des petits pois sautés.

Sauce épicée à l'aigre-douce

Mélangez 3 cuillerées à soupe de vinaigre de riz ou de vinaigre de vin blanc, 2 cuillerées à soupe de sauce de soja claire (japonaise de préférence), 4 de bouillon de poulet, 4 de jus d'orange, le jus d'un citron vert, 2 cuillerées à soupe de xérès sec, 1 cuillerée à café de maïzena, 2 cuillerées à soupe de purée de tomates et 2 de sucre brun. Faites chauffer 1 cuillerée à soupe d'huile dans une casserole et ajoutez 2 gousses d'ail finement émincées, 1 cm de racine de gingembre émincée et 2 piments rouges épépinés et émincés. Faites-les revenir 1 minute, puis versez le liquide. Portez à ébullition en remuant, puis laissez frémir 2 minutes. Ajoutez 1 carotte finement émincée et 4 oignons verts émincés dans cette sauce et laissez frémir encore 2 à 3 minutes, (ajoutez de l'eau ou du bouillon si le mélange est trop épais). Votre sauce est prête.

79 Ailes de poulet sauce barbecue

Repas sans façons
Préparation : 35 minutes
Pour 4 personnes

16 ailes de poulet sans les pointes

1 cuillerée à café de cumin en poudre

2 cuillerées à café de coriandre en poudre

le jus et le zeste finement râpé d'un citron

sel de mer fraîchement moulu et poivre noir du moulin

4 cuillerées à soupe de persil, ou de coriandre, grossièrement ciselé

guacamole (voir p. 103) et crème aigre pour servir

POUR LA SAUCE BARBECUE :

4 cuillerées à soupe de ketchup

2 cuillerées à soupe de sirop d'érable ou de miel

1 cuillerée à soupe de Worcestershire sauce

1 gousse d'ail pilée

2 cuillerées à soupe de jus de citron vert

1 bon trait de Tabasco

Dans cette recette, les ailes sont rapidement blanchies à l'eau bouillante avant d'être mises à mariner, puis grillées. De cette manière, le poulet est parfaitement cuit sans brûler en surface. L'essentiel est de retourner constamment les ailes pour qu'elles cuisent de manière uniforme. Prévoyez suffisamment de serviettes – ce plat est de ceux qui se dégustent avec les doigts !

1 Préparez 16 brochettes. Faites-les tremper dans l'eau froide pendant 20 à 25 minutes si elles sont en bambou. Pendant ce temps, portez une grande casserole d'eau à ébullition et plongez-y les ailes de poulet. Laissez frémir pendant 3 minutes, puis égouttez et laissez refroidir.

2 Mélangez les épices avec le jus et le zeste de citron, le sel et le poivre. Ajoutez les ailes de poulet à cette marinade, couvrez et laissez reposer pendant 20 minutes.

3 Préchauffez le barbecue 40 minutes à l'avance pour qu'il atteigne la bonne température. Mélangez tous les ingrédients de la sauce dans une petite casserole, portez à ébullition et laissez frémir pendant 2 minutes.

4 Garnissez des brochettes avec les ailes de poulet. Faites les griller au barbecue à température moyenne pendant 2 à 3 minutes, en les surveillant pour que les épices ne brûlent pas.

5 Badigeonnez ensuite largement les ailes de sauce et continuez à les faire cuire à température moyenne pendant encore 6 à 10 minutes en les retournant souvent pour qu'elles ne brûlent pas. Arrosez-les de temps en temps avec le reste de sauce jusqu'à ce qu'elles soient bien brunes et croustillantes. (Vous pouvez également les faire cuire sous un gril à température moyenne ou dans le four à 200 °C, thermostat 6, pendant 20 minutes.) Dressez-les sur le plat de service et parsemez-les de coriandre ou de persil. Servez avec du guacamole et de la crème aigre.

80 Poulet rôti aux légumes

Repas sans façons
Préparation : 1 heure 40 minutes
Pour 4 personnes

1 poulet fermier de 1,3 kg

sel de mer fraîchement moulu et poivre noir du moulin

quelques brins de thym

1 à 2 feuilles de laurier

huile d'olive

4 grosses pommes de terre à chair farineuse

8 panais

huile végétale, saindoux ou graisse d'oie ou de canard

1 verre de vin blanc

1/2 bouillon cube au poulet dissous dans 15 cl d'eau bouillante

brocolis à la vapeur pour servir

Un poulet rôti dans les règles de l'art est une pure merveille. Le secret de la réussite consiste à acheter des ingrédients de qualité, de les cuisiner correctement et de ne pas mêler trop d'arômes différents. Il s'agit là d'un plat authentique qui mérite de figurer souvent sur votre table.

1 Préchauffez le four à 200 °C (thermostat 7). Troussez le poulet et laissez-le à température ambiante pendant un moment. Écartez ses cuisses et retirez les amas de graisse qui peuvent subsister dans l'abdomen. Assaisonnez la cavité de sel et de poivre, puis introduisez le thym et les feuilles de laurier à l'intérieur. Badigeonnez l'extérieur du poulet d'huile d'olive et assaisonnez bien. Pratiquez des entailles entre les cuisses et le corps de la volaille de façon que les pattes pendent. Cela permet une cuisson uniforme. Installez le poulet dans un plat à rôtir et versez dans le fond de ce dernier un peu plus d'huile d'olive. Mettez à rôtir au milieu du four pendant 20 minutes.

2 Pendant ce temps, pelez les pommes de terre et précuisez-les dans une grande quantité d'eau bouillante salée pendant 10 à 12 minutes si elles sont grosses, 8 à 10 minutes si elles sont plus petites. Pelez les panais et coupez-les en deux ou en quatre dans le sens de la longueur, selon leur grosseur. Réservez. Égouttez bien les pommes de terre, puis striez leur chair à l'aide d'une fourchette pour que leur surface soit croustillante.

3 Faites chauffer une fine couche d'huile végétale ou 2 grosses cuillerées à soupe de saindoux ou de graisse dans un autre plat à rôtir jusqu'à ce que la matière grasse fume. Ajoutez prudemment les pommes de terre en les retournant pour bien les enrober de graisse.

4 Sortez le poulet du four et arrosez-le de son jus de cuisson. Ajoutez les panais dans le plat en les retournant pour bien les enrober de graisse. Remettez le plat dans le four et glissez les pommes de terre au-dessus, sur la grille supérieure. Laissez rôtir pendant 40 minutes en arrosant le poulet de temps en temps et en retournant au moins une fois les pommes de terre. Quand tout semble doré à point, enfoncez un couteau aiguisé dans la partie la plus charnue d'une cuisse ; si le jus coule clair, le poulet est cuit. Sortez-le et posez-le sur une assiette chaude en le recouvrant d'une feuille de papier d'aluminium. Laissez reposer pendant 10 minutes.

5 Éliminez l'excès de graisse du plat à rôtir et remettez les panais au four pendant 10 minutes. Sortez-les du four ainsi que les pommes de terre et éteignez ce dernier. Transférez les pommes de terre et les panais sur un plat de service chaud à l'aide d'une écumoire. Gardez-les au chaud dans le four, porte entrouverte.

6 Préparez maintenant la sauce. Mettez le plat de cuisson du poulet sur le feu et ajoutez le vin et le bouillon. Portez à ébullition et laissez cuire à gros bouillons pendant 2 à 3 minutes, en déglaçant le fond à l'aide d'une cuiller en bois. Goûtez et assaisonnez bien. Filtrez le liquide au-dessus d'une saucière. Servez immédiatement avec les pommes de terre et les panais, ainsi que des brocolis cuits à la vapeur.

81 Poulet en croûte aux aromates

Rapide et facile
Préparation : 25 à 30 minutes
Pour 4 personnes

4 blancs de poulet, sans la peau

1 œuf battu

sel de mer fraîchement moulu et poivre noir du moulin

POUR LA CROÛTE AUX AROMATES :

50 g de beurre fondu

4 oignons verts finement émincés

6 à 8 tranches de pain rassis, sans la croûte

4 cuillerées à soupe d'aromates mélangés (par ex. persil, marjolaine, ciboulette et thym)

Voici une recette simple pour rehausser la saveur un peu fade des blancs de poulet. Le résultat est spectaculaire, avec la croûte d'un vert vif qui se forme à la surface du plat. Vous pouvez le préparer à l'avance et le garder au réfrigérateur jusqu'au moment de le cuisiner.

1 Préchauffez le four à 200 °C (thermostat 7).

2 Pour préparer la croûte aux aromates, faites fondre le beurre dans une petite casserole et ajoutez les oignons verts. Laissez-les revenir pendant 1 minute et réservez. Mettez les tranches de pain et les aromates dans le bol d'un robot ménager et mixez jusqu'à obtenir une fine chapelure verte. Mettez-la dans un saladier et incorporez progressivement le beurre et les oignons verts, jusqu'à obtenir un mélange grumeleux.

3 Badigeonnez chaque blanc d'œuf battu, puis ajoutez une couche de chapelure, en pressant. Salez et poivrez, puis transférez le poulet sur une plaque de cuisson huilée. Enfournez pendant 20 minutes, jusqu'à ce que la croûte soit bien croustillante.

82 Poulet rôti au pesto, aux tomates et aux fèves

Repas de fête
Préparation : 1 heure 1/2
Pour 6 personnes

1 poulet fermier de 1,5 kg

4 à 6 cuillerées à soupe de pesto (voir p. 47)

sel de mer fraîchement moulu et poivre noir du moulin

6 cuillerées à soupe d'huile d'olive

700 g de fèves fraîches dans la gousse, ou 350 g de fèves surgelées

600 g de petites tomates (*pomodorini*)

2 brins de thym frais

Introduire des condiments entre la chair et la peau du poulet avant de le rôtir est une bonne façon de le parfumer tout en le rendant tendre et juteux. Servez-vous d'un pesto vraiment frais pour retrouver tout l'arôme du basilic. Ajoutez des petites tomates dans le plat autour de la volaille pour qu'elles s'imprègnent des sucs de cuisson. Les fèves fraîches apportent une touche printanière et une belle couleur verte. Servez avec des pâtes au beurre.

1 Préchauffez le four à 190 °C (thermostat 6-7). Troussez le poulet et laissez-le un moment à température ambiante avant de le cuisiner.

2 Élargissez l'espace entre la peau et le cou du poulet à l'aide de vos doigts, puis faites progresser vos mains vers la poitrine et les cuisses. Prenez alors une poignée de pesto et étalez-la sur la chair jusqu'à la jointure des cuisses, de façon à former une couche uniforme sous la peau. Pressez cette dernière pour éviter toute poche d'air, puis rabattez la peau du cou. Installez la volaille dans un grand plat à rôtir, puis salez et poivrez bien. Arrosez de 2 cuillerées à soupe d'huile d'olive et enfournez pendant 40 minutes environ.

3 Pendant ce temps écossez les fèves si elles sont fraîches et faites-les blanchir dans de l'eau bouillante 1 minute. Égouttez-les et plongez-les dans un saladier d'eau froide pour les refroidir rapidement. Égouttez à nouveau puis retirez leur enveloppe grise. (Si vous utilisez des fèves surgelées, cuisez-les dans l'eau bouillante 2 à 3 minutes, puis procédez comme pour les fèves fraîches.)

4 Sortez le poulet du four et portez la température de ce dernier à 220 °C (thermostat 8). Ajoutez les tomates et le reste de l'huile, salez, poivrez et ajoutez le thym. Enfournez à nouveau environ 20 minutes, jusqu'à ce que la peau des tomates commence à se fendiller et à brunir. Sortez le plat du four, piquez la partie la plus charnue d'une des cuisses du poulet à l'aide d'une brochette et vérifiez que le jus coule clair. Posez la volaille sur une planche à découper, couvrez-la et gardez-la au chaud pendant que vous vous occupez des légumes.

5 Mélangez les fèves avec les tomates et les sucs de cuisson. Remettez le plat dans le four pendant quelques minutes pour réchauffer les fèves. Assaisonnez bien et servez avec le poulet.

83 Poulet rôti à la sauge et sauce au pain

Repas de fête

Préparation : 1 heure
et 25 minutes

Pour 4 personnes

1 poulet fermier de 1,5 kg

50 g de beurre ramolli

8 grandes feuilles de sauge finement ciselées

8 tranches de *pancetta* ou de bacon

1 cuillerée à café de zeste de citron finement râpé

sel de mer fraîchement moulu et poivre noir du moulin

pommes de terre rôties et légumes vapeur pour servir

POUR LA SAUCE AU PAIN :

30 cl de lait

2 brins de macis (facultatif)

1 feuille de laurier

2 brins de thym frais

quelques grains de poivre noir

1 gousse d'ail pilée

1 petit oignon pelé et coupé en deux

2 clous de girofle

75 g de chapelure fraîche

50 g de beurre

2 cuillerées à soupe de crème fraîche épaisse

La sauge constitue vraiment un aromate méconnu, mais elle se marie parfaitement avec le poulet. La sauce au pain n'est plus guère à la mode aujourd'hui, mais sa texture crémeuse et son arôme font merveille avec les volailles.

1 Préchauffez le four à 190 °C (thermostat 6-7). Troussez le poulet et entaillez la peau entre les cuisses et les blancs pour garantir une cuisson uniforme. Laissez la volaille à température ambiante pendant un moment avant de la cuisiner.

2 Maniez le beurre dans un saladier afin de le ramollir et ajoutez la sauge. Hachez finement 2 tranches de bacon ou de *pancetta* et incorporez-les au beurre avec le zeste de citron, sel et poivre. Élargissez l'ouverture entre la peau du poulet et son cou et glissez doucement vos mains sous la peau en direction des blancs et des cuisses. Prenez une poignée de beurre de sauge et glissez-la sous la peau en lissant pour obtenir une couche uniforme. Pressez la peau pour éviter les poches d'air et rabattez la peau du cou. Mettez le poulet dans un plat à rôtir et assaisonnez-le. Disposez le reste des tranches de bacon (ou *pancetta*) sur les blancs et les cuisses, puis enfournez pendant 40 minutes, en arrosant de temps en temps le poulet avec son jus de cuisson.

3 Pendant ce temps, préparez la sauce. Versez le lait dans une casserole et ajoutez le macis (si vous en utilisez), la feuille de laurier, le thym, les grains de poivre et l'ail. Piquez chaque moitié d'oignon d'un clou de girofle et ajoutez-les dans le lait, en vous assurant que les clous de girofle sont sous la surface. Portez doucement à ébullition, puis laissez frémir pendant 5 minutes. Retirez la casserole du feu et laissez infuser pendant au moins 30 minutes.

4 Au bout de 40 minutes, ôtez le bacon ou la *pancetta* du plat et gardez-les au chaud. Augmentez la température du four à 200 °C (th. 7). Arrosez le poulet et remettez-le au four 20 minutes, jusqu'à ce que sa peau soit bien croustillante.

5 Juste avant de servir la sauce, filtrez le lait au-dessus d'une casserole, ajoutez la chapelure et fouettez le mélange sur feu moyen jusqu'à ce qu'il s'épaississe. Assaisonnez selon le goût. Faites fondre le beurre et versez-le à la surface de la sauce sans mélanger (cela évitera qu'une peau se forme). Incorporez le beurre et la crème juste au moment de servir.

84 Poulet rôti au abricots et à la menthe

Cette étonnante recette vaut la peine d'être essayée. La délicate chapelure de brioche imbibée de beurre fondu qui constitue la farce rend la chair du poulet tendre et savoureuse, tandis que la menthe contrebalance la douceur des abricots et du miel.

Repas de fête
Préparation : 1 heure et 35 minutes
Pour 6 personnes

1 poulet fermier de 1,5 kg

4 cuillerées à soupe de miel liquide, chaud

1 cuillerée à café de poivre noir grossièrement concassé

POUR LA FARCE :

75 g d'abricots secs, grossièrement hachés

1 cuillerée à soupe de feuilles de menthe

100 à 125 g de brioche en morceaux

50 g de beurre fondu

sel de mer fraîchement moulu et poivre noir du moulin

POUR LA SAUCE :

45 cl de bouillon de poulet (voir p. 14)

2 cuillerées à soupe de concentré de pomme et d'abricot (au rayon des produits diététiques)

40 g de beurre

4 cuillerées à soupe de crème fraîche épaisse

1 Préchauffez le four à 190 °C (thermostat 6-7). Troussez le poulet et laissez-le un moment à température ambiante avant de le cuisiner.

2 Pour préparer la farce, mettez les abricots dans le bol d'un robot ménager et mixez jusqu'à ce qu'ils soient finement hachés. Ajoutez les feuilles de menthe, la brioche et le beurre fondu et mixez par à-coups jusqu'à ce que mélange soit lisse. Salez et poivrez.

3 À l'aide de vos doigts, élargissez l'ouverture entre la peau du poulet et son cou et glissez doucement vos mains sous la peau en direction des blancs et des cuisses. Prenez une poignée de farce et étalez-la sous la peau en une couche uniforme jusqu'aux jointures des cuisses. Pressez la surface pour éliminer les poches d'air et rabattez la peau du cou, puis mettez le poulet dans un plat à rôtir et assaisonnez-le bien. Enfournez-le pendant 45 minutes.

4 Mélangez le miel et le poivre concassé, sortez le plat du four et badigeonnez le poulet de ce mélange. Remettez au four 20 minutes supplémentaires en arrosant le poulet de temps en temps, jusqu'à ce que la peau soit bien dorée. Vérifiez sa cuisson en le piquant avec une brochette dans la partie la plus charnue d'une cuisse. Si le jus coule clair, arrêtez la cuisson.

5 Transférez le poulet sur une planche à découper, couvrez-le d'une feuille de papier d'aluminium et laissez-le reposer pendant que vous préparez la sauce. Dégraissez le plat et ajoutez le bouillon et le concentré de pomme et d'abricot. Posez le plat sur feu moyen et portez à ébullition en déglaçant le fond avec une cuiller en bois. Laissez cuire à gros bouillons pour que le liquide réduise de moitié. Ajoutez le beurre et la crème et poursuivez la cuisson en fouettant de temps en temps jusqu'à ce que la sauce soit légèrement sirupeuse. Goûtez et rectifiez l'assaisonnement. Filtrez dans une saucière chaude et servez.

85 Poulet rôti à l'ail et au citron

Repas sans façons
Préparation : 1 heure et 10 minutes
Pour 4 personnes

1 poulet fermier de 1,3 kg

2 citrons non traités

1 tête d'ail

1 poignée de persil plat, avec les tiges

sel de mer fraîchement moulu et poivre noir du moulin

huile d'olive

15 cl de vin blanc

15 cl de bouillon de poulet

pommes de terre nouvelles et légumes verts pour servir

Si vous êtes las du sempiternel poulet rôti du dimanche, essayez donc cette recette. Les rondelles de citron et les gousses d'ail entières introduites dans la cavité abdominale parfument réellement la chair. La saveur de l'ail s'atténue à la cuisson et il a un délicieux petit goût de noisette. L'arôme du citron imprègne merveilleusement la viande. Enfin, les sucs de cuisson constituent une sauce savoureuse.

1 Préchauffez le four à 200 °C (thermostat 7). Troussez le poulet et laissez-le quelques instants à température ambiante avant de le cuisiner.

2 Coupez un citron en 8 quartiers et coupez la tête d'ail en deux dans le sens transversal. Écartez les cuisses du poulet et ôtez les amas de graisse restant dans l'abdomen. Remplissez la cavité de quartiers de citron, de demi-gousses d'ail et de persil.

3 Coupez l'autre citron en deux et frottez les deux moitiés sur le poulet, en pressant légèrement pour libérer le jus. Salez et poivrez. Entaillez la peau entre les cuisses et les blancs pour garantir une cuisson uniforme. Installez le poulet dans un plat à rôtir et aspergez-le d'huile d'olive. Faites-le rôtir à mi-hauteur du four pendant 1 heure, en l'arrosant toutes les 20 minutes.

4 Piquez une brochette dans la partie la plus charnue d'une des cuisses pour vérifier que le poulet est cuit. Sortez-le du four et laissez-le reposer pendant 10 minutes dans son plat de cuisson. Transférez-le alors sur un plat et recueillez le jus de cuisson dans un petit bol et dégraissez. Réservez.

5 Préparez maintenant la sauce. Mettez le plat sur le feu et ajoutez le vin et le bouillon. Portez à ébullition et laissez cuire à gros bouillons pendant 2 à 3 minutes, en déglaçant le fond à l'aide d'une cuiller en bois. Goûtez et assaisonnez bien. Ajoutez le jus de cuisson réservé dans la sauce, puis filtrez-la dans une saucière chaude.

6 Découpez le poulet, puis servez-le avec sa sauce, accompagné de pommes de terre nouvelles et de légumes verts.

86 Poulet aux tomates confites au soleil et au chèvre

Rapide et facile

Préparation : 35 minutes

Pour 4 personnes

huile d'olive

175 g de fromage de chèvre demi-frais

8 tomates confites au soleil, grossièrement hachées

1 cuillerée à soupe de feuilles de basilic ou de marjolaine ciselées

sel de mer fraîchement moulu et poivre noir du moulin

4 suprêmes de poulet (voir ci-contre)

le jus de 1/2 citron

tomates cerises rôties pour servir

Les suprêmes de poulet sont tout simplement les blancs dont on n'a pas détaché les articulations des ailes. On les trouve dans certains supermarchés et chez les bons bouchers. Les tomates confites au soleil ne sont pas aussi sèches que celles qui ont été séchées au soleil et l'on dit parfois qu'elles sont à demi cuites. Elles sont plus tendres et moins élastiques que les tomates séchées au soleil ; on les trouve dans les grands supermarchés et les épiceries fines.

1 Préchauffez le four à 200 °C (thermostat 7). Tapissez une plaque de cuisson de papier d'aluminium et badigeonnez d'un peu d'huile d'olive.

2 Écrasez ou hachez finement le fromage de chèvre dans un saladier, et ajoutez les tomates confites, le basilic ou la marjolaine, sel et poivre.

3 À l'aide d'un couteau bien aiguisé, pratiquez une entaille dans la peau du poulet, le long de chaque suprême. Ajoutez une seconde entaille dans le sens transversal. Dans la cavité obtenue, vous pouvez introduire la farce au fromage et aux tomates.

4 Garnissez les suprêmes de la farce, puis disposez-les sur la plaque de cuisson. Arrosez de jus de citron, d'huile d'olive, salez et poivrez. Enfournez pendant 25 minutes, jusqu'à ce que la peau soit bien dorée.

5 Laissez le poulet reposer pendant 5 minutes dans un endroit chaud avant de le servir avec des tomates cerises rôties.

87 Roulés de phyllo au poulet, à la ricotta et aux épinards

Repas de fête
Préparation : 50 minutes
Pour 4 personnes

4 blancs de poulet, sans la peau

200 g de jeunes feuilles d'épinards

175 g de ricotta

2 cuillerées à soupe de parmesan râpé

1 cuillerée à soupe de zeste de citron finement râpé

sel de mer fraîchement moulu, poivre noir du moulin et noix muscade fraîchement râpée

8 feuilles de pâte phyllo

beurre fondu ou huile d'olive pour badigeonner

pommes de terre nouvelles et légumes verts pour servir

Voici une variante du plat grec nommé *spanokopitta*. La pâte phyllo constitue une façon rapide et efficace de doter le poulet d'une croûte bien dorée. Exprimez bien toute l'eau des épinards après la cuisson pour éviter qu'ils ne détrempent toute la préparation. Pour une belle présentation, coupez les roulés en diagonale, afin que l'on puisse admirer le contraste entre l'or de la pâte, le blanc du poulet et le vert des épinards.

1 Pratiquez une incision dans la partie la plus épaisse de chaque blanc, en évitant de fendre totalement la viande.

2 Mettez les épinards dans une grande casserole d'eau bouillante et faites-les blanchir pendant 2 minutes sur feu vif en remuant continuellement. Faites-les refroidir dans une passoire. Exprimez le plus d'eau possible et hachez-les grossièrement.

3 Mettez la ricotta dans un saladier et battez-la au fouet pour l'amollir. Ajoutez le parmesan, le zeste de citron, la noix muscade, sel et poivre selon le goût. Incorporez les épinards et mélangez. Ouvrez les incisions des blancs de poulet et garnissez-les de cette farce.

4 Prenez deux feuilles de pâte phyllo et badigeonnez-les de beurre fondu ou d'huile, en réservant les feuilles restantes sous un film alimentaire pour éviter qu'elles ne se dessèchent. Superposez les deux feuilles, faces beurrées vers le haut. Posez un blanc de poulet sur le phyllo, à un tiers environ du bord le plus court. Rabattez ce dernier sur le poulet, repliez les bords les plus longs vers l'intérieur, puis enroulez le blanc sur toute la longueur de la feuille en veillant à bien replier les bords. Faites de même avec les autres blancs. Transférez les roulés sur une plaque de cuisson beurrée ou huilée et badigeonnez-les de la matière grasse choisie. Couvrez d'un film alimentaire et réfrigérez jusqu'au moment de la cuisson.

5 Préchauffez le four à 200 °C (thermostat 7). Sortez le poulet et laissez-le revenir à température ambiante avant de l'enfourner pendant 25 à 30 minutes, jusqu'à ce que les roulés soient bien dorés. Servez immédiatement, avec des pommes de terre bouillies et des légumes verts.

88 Gratin de foies de poulet au jambon de Parme

À préparer à l'avance

Préparation : 25 minutes

Pour 4 personnes

12 cl d'huile d'olive

sel de mer fraîchement moulu et poivre noir du moulin

le jus et le zeste finement râpé d'un citron

2 gousses d'ail finement émincées

2 cuillerées à soupe de persil plat finement ciselé, plus quelques brins pour décorer

350 g de foies de poulet frais, parés

4 tranches de jambon de Parme, coupées en lanières de 5 mm de largeur

Les saveurs franches des foies de poulet et du jambon de Parme se marient à merveille. Les ingrédients doivent impérativement être d'une grande fraîcheur – n'utilisez pas des foies congelés pour cette recette. Toute la préparation peut se faire à l'avance et vous pouvez apporter les plats de cuisson directement sur la table. Utilisez des récipients, en porcelaine ou en céramique, résistants à la chaleur, ou encore des plats en inox, de 12 à 15 cm de diamètre.

1 Préchauffez le four à 240 °C (thermostat 9). Huilez légèrement quatre plats à gratin de 12 à 15 cm de diamètre et parsemez leurs fonds de sel et de poivre.

2 Mélangez dans un bol l'huile d'olive, le jus et le zeste de citron, l'ail et le persil.

3 Coupez les foies en deux dans le sens de la longueur et répartissez-les entre les plats. Ils doivent quasiment recouvrir les fonds. Assaisonnez, puis mélangez à nouveau la sauce au persil et versez-la sur les foies.

4 Posez les plats sur une plaque de cuisson en haut du four. Laissez cuire pendant 7 à 8 minutes. Les foies doivent encore être rosés à l'intérieur. Vous pouvez les laisser au four pendant deux minutes supplémentaires s'ils ne vous semblent pas suffisamment cuits. Décorez de brins de persil et de lanières de jambon de Parme et servez. Attention, les plats sont brûlants.

89 Poulet au safran et au gingembre

Repas sans façons

Préparation : 2 heures

Pour 4 personnes

1 poulet fermier de 1,5 kg

8 à 10 feuilles de laurier

POUR LE BEURRE SAFRANÉ :

100 g de beurre manié

une grosse pincée de stigmates de safran émiettés (ou un sachet de safran en poudre)

1 cm de racine de gingembre, pelée et finement râpée

sel de mer fraîchement moulu et poivre noir du moulin

couscous et salade verte pour servir

Le fait de cuisiner le poulet dans un récipient en argile (brique à volaille) permet de préserver tous les arômes et le moelleux de la chair. C'est une très ancienne méthode de cuisson, utilisée par les Chinois et les Indiens. Vous pouvez préparer un poulet entier de cette manière, mais aussi réaliser un plat braisé ou un ragoût. Le récipient est poreux et doit être trempé dans l'eau froide, puis recouvert de son couvercle. Il convient de le mettre à four froid, puis de le laisser progressivement monter en température. Attention : lorsque vous le sortez du four, posez-le sur une plaque de liège ou un torchon plié, car un brusque choc thermique ferait éclater la terre cuite.

1 Troussez le poulet et laissez-le un moment à température ambiante avant de le cuisiner. Faites tremper les deux parties de la brique dans l'eau froide pendant 15 minutes.

2 Pendant ce temps, préparez le beurre safrané. Dans un petit bol, battez le beurre avec le safran, le gingembre, le sel et le poivre.

3 À l'aide de vos doigts, écartez la peau de la volaille de son cou, puis glissez les mains sous la peau en progressant vers les blancs et les cuisses. Prenez une poignée de beurre safrané (réservez-en un peu pour badigeonner l'extérieur), et étalez-le entre chair et peau de façon à obtenir une couche uniforme. Lissez la peau pour éliminer les poches d'air. Rabattez la peau du cou vers l'arrière. Étalez le reste du beurre sur le poulet, puis salez et poivrez.

4 Tapissez la base de la brique de feuilles de laurier et posez le poulet dessus. Couvrez et mettez la brique dans le four froid. Allumez le four à 200 °C (thermostat 7) et laissez cuire pendant 1 heure 1/4 - 1 heure 1/2.

5 Au bout d'une heure de cuisson, vérifiez que le poulet est cuit à l'intérieur en piquant une brochette dans la partie la plus charnue de la cuisse. Si le jus coule clair, remettez-le dans le four, sans couvercle, pendant un quart d'heure à une demi-heure pour le faire dorer. Transférez-le sur une planche à découper et filtrez le jus de cuisson dans une saucière. Servez avec un couscous et une salade verte.

90 Poule au pot aux feuilles de chou farcies

Repas sans façons

Préparation : 2 heures

Pour 6 personnes

1 poulet fermier de 1,3 kg

5 carottes coupées en deux dans le sens de la longueur

3 cœurs de céleri coupés en quatre

3 gros poireaux grossièrement émincés

1 oignon piqué d'un clou de girofle

1 bouquet garni

1 cuillerée à café de sel

1 cuillerée à soupe de poivre noir en grains

1 petit piment oiseau, séché

POUR LES FEUILLES DE CHOU FARCIES :

2 cuillerées à soupe d'huile d'olive

1 oignon finement émincé

1 gousse d'ail émincée

175 g de chapelure

140 g de jambon ou de lard fumé en petits dés

4 cuillerées à soupe d'un mélange de thym, de marjolaine et de persil, ciselés

le jus et le zeste finement râpé d'un ½ citron

sel de mer fraîchement moulu et poivre noir du moulin

1 œuf battu

6 feuilles de chou frisé de Milan

Voici un repas complet à déguster sans façons avec des amis ou en famille. On le mange dans les campagnes depuis des siècles… Les légumes et le poulet mijotent longuement ensemble, donnant un délicieux bouillon et une volaille à la chair tendre. Il est possible d'ajouter un chou entier, mais des feuilles de chou farcies prennent moins de place et évitent d'avoir à ajouter des pommes de terre. Commencez par déguster le bouillon, puis servez le poulet et les légumes à part.

1 Lavez le poulet à l'intérieur et à l'extérieur, puis éliminez toute la graisse de la cavité abdominale. Mettez la moitié des carottes, du céleri et des poireaux, ainsi que l'oignon, dans le fond d'une grande marmite. Disposez le poulet dessus, ajoutez le reste des légumes, le bouquet garni, le sel, le poivre et le piment. Versez juste assez d'eau pour couvrir le tout (environ 2,5 litres). Portez doucement à ébullition en écumant régulièrement. Laissez frémir sur feu très doux – de cette manière le bouillon reste clair – pendant 45 minutes, en écumant de temps en temps.

2 Pendant ce temps, préparez les feuilles de chou. Faites chauffer l'huile d'olive dans une poêle et ajoutez l'oignon et l'ail. Laissez revenir pendant 5 à 6 minutes et transférez dans le bol d'un mixeur. Laissez refroidir, puis ajoutez la chapelure, le jambon ou le lard, les aromates, le jus et le zeste de citron, sel et poivre, ainsi que l'œuf battu. Mixez bien.

3 Posez une feuille de chou sur le plan de travail, côté queue vers le haut. Déposez un sixième de la farce au centre ; repliez les deux bords extérieurs l'un sur l'autre, puis les bords supérieur et inférieur. Fixez le tout avec un cure-dents. Faites de même avec les autres feuilles.

4 Mettez doucement les feuilles de chou dans la marmite, au-dessus du poulet. Couvrez et laissez frémir encore pendant 20 minutes.

5 Pour servir, transférez les feuilles de chou, qui sont fragiles, sur une assiette, puis disposez le poulet dans un grand plat, entouré de ses légumes et des feuilles de chou. Arrosez d'un peu de bouillon et servez. Vous pouvez garder le poulet au chaud pendant que vous servez le bouillon clair en guise d'entrée.

91 Coq au Vin

Repas de fête
Préparation : 1 heure 1/2
Pour 4 à 6 personnes

1 bouteille de vin rouge léger

4 cuillerées à soupe de cognac

2 feuilles de laurier

2 bouquets garnis (laurier, thym et persil séchés)

quelques brins de thym frais

1 gousse d'ail pilée

1 poulet fermier de 1,5 kg, coupé en 8 morceaux

farine assaisonnée

125 g de beurre

130 g de lardons (cubetti di pancetta)

30 cl de bouillon de poulet (voir p. 14)

225 g de petits oignons marinés

225 g de champignons bruns

sel de mer fraîchement moulu et poivre noir du moulin

persil finement ciselé pour servir

POUR LE BEURRE MANIÉ :

50 g de beurre ramolli

2 cuillerées à soupe de farine

Dans cette recette, le vin est réduit pour éviter le goût trop alcoolisé et concentrer les arômes. Résistez à la tentation d'utiliser un vin bon marché que vous ne voudriez pas boire, car vous courez à la catastrophe. Ce plat se prépare habituellement avec un vieux coq qui doit être cuit pendant des heures pour en attendrir la chair. Nous utilisons ici un poulet fermier ordinaire, pour son arôme et sa texture.

1 Versez le vin et le cognac dans une casserole et ajoutez les feuilles de laurier, 1 bouquet garni, les brins de thym frais et l'ail. Portez à ébullition et laissez frémir jusqu'à ce que le liquide soit réduit de moitié. Laissez refroidir.

2 Passez les morceaux de poulet dans la farine. Faites fondre la moitié du beurre dans une grande poêle et, quand il fume, faites dorer les morceaux de tous côtés, puis transférez-les dans une cocotte. Faites revenir les lardons dans la poêle et ajoutez-les au poulet.

3 Filtrez le vin au-dessus du poulet et ajoutez le bouillon, ainsi que le second bouquet garni. Portez à ébullition, puis baissez le feu, couvrez et laissez frémir à feu doux pendant 30 minutes. (Vous pouvez aussi mettre la cocotte dans le four à 180 °C, thermostat 6, durant la même période.)

4 Pendant ce temps, pelez les oignons et coupez-les en deux, mais laissez les racines intactes pour qu'ils restent solidaires. Faites fondre le reste du beurre dans une poêle, ajoutez les oignons et laissez-les revenir pendant 5 minutes, jusqu'à ce qu'ils soient tendres et légèrement brunis. Ajoutez les champignons et faites-les revenir jusqu'à ce qu'ils soient tendres. Mettez les oignons et les champignons dans la cocotte, couvrez et laissez cuire 10 minutes supplémentaires, jusqu'à ce que le poulet soit bien tendre.

5 Travaillez le beurre et la farine à l'aide d'une cuiller en bois pour obtenir une pâte lisse et réaliser le beurre manié.

6 Transférez le poulet et les légumes dans un plat chaud ; couvrez et réservez au chaud. Portez le liquide de cuisson à ébullition. Ajoutez le beurre manié en fouettant, par petites quantités, jusqu'à ce que la sauce épaississe. Salez et poivrez selon le goût. Versez cette sauce sur le poulet, parsemez de persil ciselé et servez.

92 Ragoût de pommes de terre aux oignons et au poulet

Repas sans façons
Préparation : 1 heure 30
Pour 4 personnes

75 g de beurre ou de graisse d'oie ou de canard

1 poulet fermier de 1,5 kg, coupé en 8 morceaux

2 gros oignons finement émincés

900 g de pommes de terre à chair farineuse, épluchées et coupées en tranches épaisses

3 cuillerées à soupe d'huile d'olive

8 grosses gousses d'ail non pelées

le zeste finement râpé de 1 citron

2 cuillerées à soupe de thym frais, ciselé

2 cuillerées à soupe de feuilles de romarin, ciselées

1 feuille de laurier

sel de mer fraîchement moulu et poivre noir du moulin

30 cl de bouillon de poulet chaud (voir p. 14)

chou et carottes à la vapeur pour servir

Utilisez absolument des pommes de terre à chair farineuse pour cette recette, car elles doivent se défaire à la cuisson pour épaissir le ragoût. Ce plat qui vient d'Écosse est traditionnellement servi avec les restes de viande du dîner dominical. Nous en proposons ici une version « de luxe » avec un poulet spécialement acheté pour l'occasion.

1 Préchauffez le four à 180 °C (thermostat 6). Faites fondre 50 g de beurre ou de graisse dans une poêle et faites dorer les morceaux de poulet de tous côtés. Transférez-les sur une assiette à l'aide d'une écumoire et remplacez-les par les oignons. Faites-les revenir pendant 10 minutes, jusqu'à ce qu'ils soient dorés et tendres, sans les laisser brunir.

2 Arrosez les pommes de terre d'huile d'olive. Disposez la moitié de celles-ci au fond d'une cocotte allant au four. Recouvrez avec la moitié des oignons.

3 Disposez les morceaux de poulet sur les oignons, puis versez dessus les jus de cuisson contenus dans la poêle. Parsemez de gousses d'ail, de zeste de citron, de thym et de romarin, puis ajoutez la feuille de laurier. Salez et poivrez. Recouvrez du reste d'oignons, puis des pommes de terre. Versez dessus le bouillon chaud, posez sur feu moyen et portez doucement à ébullition.

4 Découpez un cercle de papier sulfurisé d'un diamètre excédant légèrement celui de la cocotte, froissez-le un peu et disposez-le sur les pommes de terre de façon à les recouvrir. Couvrez hermétiquement (le plat doit cuire dans sa propre chaleur) et enfournez pendant 1 heure.

5 Faites fondre le reste du beurre ou de la graisse, puis découvrez la cocotte et badigeonnez les pommes de terre avec. Remettez la cocotte découverte au four pendant 20 minutes environ, pour laisser les pommes de terre dorer. Servez avec du chou et des carottes cuits à la vapeur.

93 Poulet braisé aux poireaux et aux oignons caramélisés

Repas sans façons
Préparation : 1 heure 15
Pour 4 personnes

2 cuillerées de thym frais, émietté

4 cuisses de poulet, désossées avec la peau

sel de mer fraîchement moulu et poivre noir du moulin

8 tranches de bacon, étirées à l'aide du dos d'un couteau

50 g de beurre

3 gros oignons grossièrement émincés

225 g de poireaux grossièrement émincés

1 gousse d'ail pilée

2 cuillerées à café de farine

30 cl de *passata* (coulis de tomates)

10 cl de bouillon de poulet (voir p. 14)

pommes de terre nouvelles et chou pour servir

Le succès de cette recette est dû à la saveur délicate des oignons caramélisés. Les poireaux et l'ail viennent en relever l'arôme. Les poireaux peuvent être plus ou moins coriaces selon leur âge, aussi devez-vous les émincer plus ou moins finement afin qu'ils cuisent à la même vitesse que les oignons. Les tranches de bacon sont un must – leur goût salé contraste à merveille avec celui des oignons doux.

1 Préchauffez le four à 180 °C (thermostat 6).

2 Frottez de thym la partie sans peau des cuisses de poulet, puis salez et poivrez. Reformez-les et enroulez chacune d'entre elles dans 2 tranches de bacon.

3 Faites fondre le beurre dans une cocotte allant au four et faites frire le poulet et le bacon jusqu'à ce qu'ils soient bien dorés. Transférez sur une assiette à l'aide d'une écumoire, puis ajoutez l'oignon. Laissez-le revenir pendant 5 à 6 minutes, puis ajoutez les poireaux et l'ail et laissez mijoter pendant 15 minutes, jusqu'à ce que le tout soit caramélisé et prenne une belle couleur brune.

4 Ajoutez la farine en remuant bien et laissez cuire pendant 1 minute. Versez la *passata* et le bouillon en remuant continuellement, puis portez à ébullition. Assaisonnez, ajoutez les cuisses de poulet et leur jus de cuisson, couvrez et enfournez pendant 45 minutes, jusqu'à ce que la viande soit tendre.

5 Transférez les cuisses sur un plat chaud, puis posez la cocotte sur feu moyen et faites cuire le liquide de cuisson à gros bouillon pour le faire épaissir. Rectifiez l'assaisonnement, puis versez la sauce sur le poulet. Servez avec des pommes de terre nouvelles et du chou.

94 Tajine de poulet aux abricots et à la menthe

Repas sans façons
Préparation : 1 heure et 5 minutes
Pour 4 personnes

50 g de beurre

6 cuisses de poulet fermier de 140 à 175 g environ

1 oignon finement émincé

¹/₄ de cuillerée à café de cumin en poudre

¹/₄ de cuillerée à café de gingembre en poudre

¹/₄ de cuillerée à café de cannelle en poudre

2 cuillerées à café de paprika doux

sel de mer fraîchement moulu et poivre noir du moulin

100 g d'amandes en poudre

le jus et le zeste finement râpé d'une orange

60 cl de bouillon de poulet (voir p. 14)

175 g d'abricots secs prêts à l'emploi

3 cuillerées à soupe de menthe fraîche (plus quelques feuilles pour garnir)

semoule pour servir

Le tajine est une spécialité marocaine qui doit son nom au plat dans lequel on la fait cuire. Il mijote des heures durant lesquelles les arômes se concentrent et la sauce épaissit. Le plat est traditionnellement cuisiné dans un récipient en terre cuite sur du charbon de bois. Utilisez des cuisses d'un poulet fermier, dont la texture ferme supportera bien une cuisson prolongée. Les amandes en poudre épaississent la sauce et lui donnent une saveur incomparable.

1 Préchauffez le four à 160 °C (thermostat 5). Faites fondre le beurre dans une grande cocotte à fond épais. Faites dorer les cuisses de poulet trois par trois, puis transférez-les sur une assiette.

2 Ajoutez les oignons et les épices dans le jus de cuisson du poulet et laissez revenir pendant 5 minutes, pour que les épices libèrent leurs arômes et que l'oignon s'attendrisse légèrement. Salez et poivrez, puis ajoutez les amandes.

3 Remettez le poulet dans la cocotte avec le jus et le zeste d'orange, et arrosez de bouillon. Portez à ébullition, puis ramenez le feu à température très douce. Couvrez la surface du ragoût avec une feuille de papier sulfurisé pour prévenir une évaporation excessive durant la cuisson. Enfournez la cocotte pendant 30 minutes.

4 Ajoutez les abricots et la menthe, mélangez bien, et remettez au four pendant 15 minutes supplémentaires, à découvert. À ce moment, la chair du poulet doit tomber de l'os, les abricots doivent être bien tendres et la sauce suffisamment épaissie (si ce n'est pas le cas, faites-la bouillir pour qu'elle réduise). Goûtez et rectifiez l'assaisonnement, parsemez de feuilles de menthe ciselées et servez avec un grand plat de semoule.

95 Poulet à la ratatouille

| Repas sans façons |
| Préparation : 2 heures |
| Pour 4 à 6 personnes |

2 aubergines

sel de mer fraîchement moulu et poivre noir du moulin

4 cuisses de poulet de 140 à 175 g

4 pilons de poulet

2 cuillerées à soupe de vinaigre de vin blanc

3 cuillerées à café d'herbes de Provence séchées

3 poivrons rouges ou jaunes

6 cuillerées à soupe d'huile d'olive

2 gros oignons finement émincés

2 gousses d'ail pilées

1 cuillerée à soupe de graines de coriandre finement moulues

5 cuillerées à soupe de vin blanc

400 g de tomates en boîte, hachées

1 cuillerée à café de sucre

environ 20 olives à la grecque (de préférence fripées)

La ratatouille mêle harmonieusement les saveurs de la Méditerranée – aubergines, poivrons, tomates et aromates. Les poivrons verts ne conviennent pas pour cette recette. Ils ne sont pas mûrs, légèrement amers et indigestes. Préférez les poivrons jaunes ou rouges. Il s'agit là d'un des rares plats de cet ouvrage où l'on utilise des aromates séchés, avec les herbes de Provence (basilic, marjolaine, thym et romarin), et les graines de coriandre moulues.

1 Coupez les aubergines en gros morceaux, mettez-les dans une passoire, puis parsemez-les de sel et laissez reposer pendant 1 heure.

2 Mettez les cuisses et les pilons de poulet dans un saladier en verre, arrosez-les de vinaigre, puis frottez-les avec les herbes de Provence. Couvrez et laissez mariner pendant que les aubergines dégorgent.

3 Préchauffez le four à 190 °C (thermostat 6-7). Coupez les poivrons en deux, épépinez-les et coupez-les en lanières. Faites chauffer la moitié de l'huile dans une cocotte et faites revenir les oignons, l'ail et la coriandre jusqu'à ce que les oignons soient tendres, sans les laisser prendre couleur.

4 Rincez et égouttez les aubergines et séchez-les avec du papier absorbant. Ajoutez les poivrons et les aubergines dans la cocotte et laissez-les mijoter pendant 10 minutes environ en remuant de temps en temps, jusqu'à ce qu'ils soient légèrement attendris, sans les laisser brunir.

5 Faites chauffer le reste de l'huile dans une poêle sur feu moyen et faites dorer les cuisses et les pilons de poulet de tous côtés, en prenant soin de ne pas laisser la poêle devenir trop chaude pour ne pas faire brûler les herbes de Provence. Transférez le poulet sur les légumes dans la cocotte. Déglacez ensuite la poêle avec le vin, portez à ébullition pour faire réduire ce dernier à la valeur d'une cuillerée à soupe, puis ajoutez les tomates, le sucre et les olives. Versez ce mélange dans la cocotte sur le poulet et donnez un tour de cuiller en bois pour incorporer les tomates. Augmentez le feu pour obtenir un frémissement, assaisonnez, couvrez et enfournez pendant 25 minutes environ, jusqu'à ce que le poulet soit cuit.

96 Poulet à l'orge et aux légumes racines

Recette légère
Préparation : 40 minutes
Pour 4 personnes

1 oignon

2 carottes

2 branches de céleri

2 poireaux fendus et lavés

1 panais pelé

175 g de rutabagas pelés

2 grosses pommes de terre pelées

25 g de beurre

3 cuillerées à soupe d'huile d'olive

4 pilons et 4 cuisses de poulet

40 g d'orge perlé

2 cuillerées à soupe de purée de tomates

1 cuillerée à soupe de farine

60 cl de bouillon de poulet (voir p. 14)

sel de mer fraîchement moulu et poivre noir du moulin

2 cuillerées à soupe d'estragon ciselé

Ce plat nous vient d'Écosse, ou le mélange d'orge et de légumes racines est très populaire. Son côté rustique convient bien au poulet. Par les froides journées d'hiver, cette recette réconfortera petits et grands.

1 Coupez tous les légumes en gros morceaux. Faites chauffer le beurre et l'huile d'olive dans une grande poêle anti-adhésive. Quand le beurre commence à fumer, ajoutez les morceaux de poulet. Faites-les dorer de tous côtés, puis transférez-les dans une cocotte.

2 Ajoutez les légumes dans la poêle et laissez-les revenir sur feu vif jusqu'à ce qu'ils soient bien brunis. Ajoutez l'orge et la purée de tomates et laissez cuire encore pendant 2 à 3 minutes. Incorporez la farine, puis versez progressivement le bouillon. Versez ce mélange dans la cocotte, remettez cette dernière au feu, puis salez et poivrez selon le goût. Couvrez et laissez frémir doucement pendant 25 minutes. Vérifiez si le poulet et les légumes sont tendres ; quelques minutes supplémentaires sont parfois nécessaires.

3 Incorporez l'estragon et laissez frémir encore pendant 1 minute. Rectifiez l'assaisonnement et servez.

97 Poulet aux câpres et aux pruneaux

Repas sans façons
Préparation : 35 minutes, plus marinade
Pour 4 personnes

4 blancs de poulet avec la peau

1 cuillerée à soupe d'huile de tournesol

2 cuillerées à soupe de sucre roux

6 cuillerées à soupe de vin blanc sec

1 feuille de laurier

1 cuillerée à soupe de persil plat, ciselé

pommes de terre nouvelles pour servir

POUR LA MARINADE :

4 cuillerées à soupe d'huile d'olive

4 cuillerées à café de vinaigre de vin rouge

2 gousses d'ail pilées

1 cuillerée à soupe de câpres en saumure, rincées

16 olives noires, dénoyautées

8 pruneaux dénoyautés et coupés en deux

1 cuillerée à café d'origan séché et congelé

sel de mer fraîchement moulu et poivre noir du moulin

Ce plat originaire d'Espagne est réellement surprenant. Le contraste entre la saveur douce des pruneaux et l'âpreté des câpres et des olives lui apporte tous les arômes de la Méditerranée. Il est excellent chaud, mais également froid, accompagné d'une salade de pommes de terre.

1 Commencez la veille. Prenez les blancs de poulet et pratiquez quelques fines entailles dans la peau, de façon à couper légèrement la viande. Mélangez ensuite tous les ingrédients de la marinade dans un saladier. Disposez le poulet dans un plat peu profond en verre ou en inox et versez la marinade dessus, en frottant au niveau des entailles. Couvrez et réservez au réfrigérateur pendant toute une nuit.

2 Le lendemain, préchauffez le four à 190 °C (thermostat 6-7). Sortez les blancs de poulet de la marinade et égouttez-les bien (conservez la marinade). Faites chauffer l'huile de tournesol dans une cocotte, suffisamment grande pour contenir les blancs en une seule couche. Faites frire ces derniers, peau vers le bas, jusqu'à ce qu'ils soient joliment dorés. Retournez-les alors et ôtez la cocotte du feu.

3 Versez la marinade sur le poulet, puis poudrez-le de sucre roux. Versez le vin autour des blancs et ajoutez la feuille de laurier. Couvrez et enfournez pendant 20 minutes environ, en arrosant le poulet de temps en temps (la cuisson peut être un peu plus longue si les blancs sont très épais). Piquez la partie la plus épaisse d'un blanc à l'aide d'une brochette pour vérifier que le jus coule clair, sans trace de sang.

4 Dressez les blancs de poulet sur le plat de service et remettez la cocotte sur le feu jusqu'à obtenir un léger frémissement. Ajoutez le persil, mélangez bien et rectifiez l'assaisonnement. Versez le contenu de la cocotte sur le poulet. Servez avec des pommes de terre nouvelles bouillies.

98 Poulet au chorizo, aux poivrons rouges et aux haricots beurre

Repas sans façons
Préparation : 55 minutes
Pour 4 personnes

1 cuillerée à soupe
d'huile d'olive

4 pilons et 4 cuisses de poulet

175 g de chorizo coupé en dés

1 oignon finement émincé

2 grosses gousses d'ail pilées

1 cuillerée à café de piment
doux en poudre (voir p. 92)

3 poivrons rouges épépinés
et coupés en morceaux

40 cl de *passata* (coulis de
tomates)

2 cuillerées à soupe de purée
de tomate

15 cl de bouillon de poulet
(1 bouillon cube fera l'affaire)

600 g de haricots beurre en
boîte, égouttés

1 petit bouquet de thym frais

1 feuille de laurier

sel de mer fraîchement moulu
et poivre noir du moulin

200 g de jeunes feuilles
d'épinard

3 cuillerées à soupe de coriandre
ou de persil grossièrement
ciselés

L'association des haricots beurre, du chorizo et des poivrons rouges est toujours harmonieuse, mais elle est particulièrement heureuse avec des morceaux de poulet. Essayez de trouver une variété de poivrons à peau fine qui fond réellement dans la sauce, tandis que l'huile et le paprika du chorizo nappent les haricots. Ajoutez les feuilles d'épinard en fin de cuisson pour les faire blanchir – vous pouvez les remplacer par des feuilles de bette, du *pak choy* ou même des feuilles de moutarde.

1 Préchauffez le four à 190 °C (thermostat 6-7). Faites chauffer l'huile dans une grande cocotte et faites dorer les morceaux de poulet de tous côtés. Transférez-les sur une assiette et remplacez-les par le chorizo. Laissez-le revenir pendant 2 à 3 minutes, jusqu'à ce qu'il commence à libérer son huile rouge, puis ajoutez l'oignon, l'ail et le piment doux en poudre. Laissez chauffer sur feu doux pendant 5 minutes.

2 Ajoutez le poivron et poursuivez la cuisson pendant 2 à 3 minutes pour les attendrir. Incorporez la *passata*, la purée de tomates, le bouillon, les haricots, le thym et le laurier. Couvrez et laissez frémir pendant 10 minutes. Salez et poivrez selon le goût.

3 Remettez les morceaux de poulet dans la cocotte ainsi que ses jus de cuisson, poursuivez la cuisson pour obtenir un frémissement, puis couvrez et enfournez pendant 25 minutes environ. Sortez la cocotte du four et ôtez le couvercle. (Si la sauce vous semble trop liquide, mettez la cocotte sur le feu et faites bouillir son contenu jusqu'à ce qu'elle épaississe.) Ajoutez les épinards et la coriandre ou le persil et laissez les épinards blanchir dans le ragoût. Retirez le thym et la feuille de laurier, et servez.

99 Cassoulet express au poulet

Repas de fête
Préparation : 1 heure
Pour 5 personnes

2 cuillerées à soupe d'huile d'olive

260 g de lardons (*cubetti di pancetta*)

1 gros oignon émincé

3 à 4 grosses gousses d'ail, émicées

6 cuisses de poulet de 140 à 175 g

6 saucisses de Toulouse

1,2 kg de haricots beurre en boîte, égouttés

30 cl de bouillon de poulet (voir p. 14)

2 cuillerées à soupe de purée de tomates

400 g de tomates en boîte, hachées

2 feuilles de laurier

1 cuillerée à café de thym séché

75 g de chapelure

sel de mer fraîchement moulu et poivre noir du moulin

Préparer un véritable cassoulet peut prendre des heures, entre le trempage des haricots et l'ajout progressif des ingrédients… mais qui a encore le temps ? Cette recette offre toutes les saveurs des lardons, du poulet, de la saucisse, de l'ail et des haricots, mais sans une préparation interminable. Après tout, l'une des raisons d'être de cet ouvrage est d'adapter les recettes classiques aux contraintes de la vie moderne !

1 Préchauffez le four à 190 °C (thermostat 6-7).

2 Faites chauffer 1 cuillerée à soupe d'huile dans une poêle anti-adhésive et faites dorer les lardons. Transférez-les dans une cocotte peu profonde, et remplacez-les dans la poêle par l'oignon et l'ail. Laissez-les revenir pendant 5 minutes, puis ajoutez-les aux lardons.

3 Chauffez à nouveau la poêle, ajoutez le reste de l'huile et faites dorer les cuisses de poulet de tous côtés. Placez-les dans la cocotte, puis faites de même avec les saucisses. Versez les haricots sur le contenu de la cocotte. Déglacez la poêle avec le bouillon, ajoutez la purée de tomates, les tomates en boîte et les aromates. Mélangez bien, puis versez dans la cocotte. Remuez à nouveau, puis portez à ébullition. Salez et poivrez selon le goût.

4 Retirez la cocotte du feu et parsemez la surface du cassoulet d'une épaisse couche de chapelure. Enfournez pendant environ 30 minutes, jusqu'à ce qu'une croûte dorée se forme. Servez chaud.

100 Poulet braisé à l'huile d'olive

Repas sans façons
Préparation : 3 heures 1/2 plus réfrigération
Pour 4 personnes

4 pattes de poulet (cuisses et pilons solidaires)

4 cuillerées à soupe de sel fin

3 gousses d'ail grossièrement émincées

2 brins de thym frais

2 feuilles de laurier

60 cl d'huile d'olive

2 cuillerées à soupe de sauce de soja claire (japonaise de préférence)

4 cuillerées à soupe de miel liquide

15 g de beurre

750 g de feuilles de chou en lanières

1/2 cuillerée à café de cumin en poudre

sel de mer fraîchement moulu et poivre noir du moulin

Cette recette s'inspire de celle du confit, méthode traditionnellement utilisée pour conserver des pattes de canard dans la graisse. Voici une version plus moderne et moins grasse de ce plat, qui reste toutefois savoureux. Les pattes de poulet sont salées pour en éliminer l'excès d'humidité, puis elles cuisent lentement dans l'huile d'olive relevée d'aromates. Elles sont ensuite mises à griller dans le four pour devenir dorées et croustillantes, tout en conservant une chair délicieusement parfumée.

1 La veille, disposez les pattes de poulet dans un plat en verre ou en inox, côté peau vers le haut, et frottez-les de sel. Parsemez d'ail, de thym et de laurier. Couvrez d'un film alimentaire et réservez au réfrigérateur pendant toute la nuit.

2 Le jour suivant, faites chauffer l'huile d'olive dans une cocotte sur feu doux (ou préchauffez le four à 160 °C (thermostat 5) si vous souhaitez y faire cuire les pattes). Pendant ce temps, sortez les pattes de poulet du réfrigérateur, éliminez l'excès de sel et rincez-les sous l'eau froide courante. Essuyez-les soigneusement en prenant soin de supprimer toute trace d'humidité. Récupérez l'ail et les aromates, rincez-les et séchez-les. Quand l'huile est chaude, plongez-y les pattes et ajoutez l'ail et les aromates. Assurez-vous que toutes les pattes sont bien couvertes d'huile, couvrez et laissez cuire très doucement dans le four ou sur la cuisinière pendant 3 heures. Laissez refroidir avant de les réfrigérer jusqu'au moment de les cuisiner.

3 Pour achever la cuisson, préchauffez le four à 220 °C (thermostat 8). Sortez les pattes de l'huile, séchez-les et disposez-les sur une grille au-dessus d'un plat à rôtir. Délayez le miel dans la sauce de soja et badigeonnez le poulet de ce mélange. Laissez rôtir pendant 10 à 15 minutes en haut du four en retournant les pattes une ou deux fois, jusqu'à ce qu'elles soient bien dorées.

4 Pendant que les pattes cuisent, faites fondre le beurre dans une poêle et faites revenir le chou jusqu'à ce qu'il soit tendre, sans le laisser prendre couleur. Ajoutez le cumin, sel et poivre.

5 Pour servir, déposez une bonne portion de chou au centre de chaque assiette et dressez-y les pattes de poulet. Arrosez du restant de la sauce au miel.

Index

(Les folios en *italique* renvoient aux illustrations.

A
abricots
poulet rôti aux abricots et à la menthe 118
tajine de poulet aux abricots et à la menthe 132, *133*
acheter le poulet 6-7
ail
poulet à la Kiev 81
poulet rôti à l'ail et au citron 119
ragoût de pommes de terre aux oignons et au poulet 130
ailes 10, 13
ailes de poulet à la sauce barbecue 111
cock-a-leekie *26*, 27
aubergines
poulet à la ratatouille *134*, 135
poulet sauté aux aubergines, aux tomates et au basilic 78
avocats
enchiladas de poulet et guacamole 103
poulet fumé au thé et salsa à l'avocat 69

B
bacon
brochettes marocaines 95
poulet braisé aux poireaux et aux oignons caramélisés 131
poulet rôti à la sauge et à la sauce au pain 116, *117*
risotto aux foies de poulet, au bacon et à la ciboulette 55
voir aussi pancetta
basilic, pesto 47
béarnaise, sauce 18
béchamel, sauce 16
beurre
beurre clarifié 18
poulet à la Kiev 81
beurre de cacahuète
poulet bang bang 42, *43*
satays de poulet sauce arachide 92, *93*
blancs de poulet 9, 12
brochettes de poulet au sésame 96
brochettes marocaines 95
byriani au poulet 60
couscous au poulet et aux légumes rôtis 44
croquettes de poulet à la sauce verte 80
curry de poulet malais 109
curry express au poulet 108
enchiladas de poulet et guacamole 103
jambalaya 57
laksa de poulet *58*, 59
pâtes au poulet grillé, aux courgettes et au parmesan 49
pommes, poulet sauté aux pommes et au cidre 73
poulet à la Kiev 81
poulet au poivre à la sauce whisky 72
poulet aux brocolis, aux amandes et à l'orange 66, *67*
poulet aux câpres et aux pruneaux 137

poulet aux deux poivres 91
poulet aux morilles et au madère 74, *75*
poulet aux noix de cajou et à la sauce de haricots noirs 63
poulet aux tomates confites au soleil et au fromage de chèvre *120*, 121
poulet bang bang 42, *43*
poulet chow mein 62
poulet en croûte aux aromates 113
poulet frit à l'aigre douce 110
poulet fumé au thé et salsa à l'avocat 69
poulet sauté à l'orientale 61
poulet sauté aux aubergines, aux tomates et au basilic 78
poulet sauté aux pommes de terre et aux épinards 86
roulés de phyllo au poulet, à la ricotta et aux épinards 122, *123*
salade de poulet chaud au citron 41
saltimbocca au poulet *70*, 71
satays de poulet sauce arachide 92, *93*
sauté de poulet au fenouil 84
soupe au maïs et au poulet 22, *23*
soupe épicée aux boulettes de poulet 28, *29*
strozzapreti au poulet et à la sauce tomate 50, *51*
teriyaki au poulet 94
tikka de poulet à la menthe et à la coriandre 98
wontons au coulis de poivrons rouges *100*, 101
bolognaise, poulet à la 53
bouillon de poulet 14
bouillons
bouillon de poulet 21
bouillon de poulet à l'italienne 31
brique à volaille 126
brochettes de poulet au sésame 96
brochettes marocaines 95
bruschetta aux foies de poulet et à la confiture de piment *32*, 33
byriani au poulet 60

C
cassoulet express au poulet 140
champignons
coq au vin 128, *129*
fettuccine au poulet, aux lardons et aux champignons 48
poulet aux morilles et au madère 74, *75*
poulet chow mein 62
poulet sauté à l'orientale 61
riz basmati au poulet et aux herbes 56
soupe au poulet et aux nouilles soba 24
chapelure 80
chorizo
voir saucisses
chou
poule au pot aux feuilles de chou farcies 127
poulet braisé à l'huile d'olive 141
chutney à la menthe et à la coriandre 98
citron
kebabs de poulet à la marjolaine et au citron 90

poulet rôti à l'ail et au citron 119
salade de poulet chaud au citron 41
cock-a-leekie *26*, 27
coq au vin 128, *129*
couscous
brochettes marocaines 95
couscous au poulet et aux légumes rôtis 44
croquettes de poulet à la sauce verte 80
croûtons 40
cuisses 9, 12
cassoulet express 140
curry de poulet à la thaïlandaise 106, *107*
kebabs de poulet à la marjolaine et au citron 90
poulet aux courges et au bacon 82, *83*
poulet à la mexicaine *104*, 105
poulet au paprika et aux poivrons rouges 87
poulet braisé à l'huile d'olive 141
poulet braisé aux poireaux et au bacon 131
poulet sauté aux petits pois et aux lardons 68
salade chaude de cuisses de poulet 36
tajine de poulet aux abricots et à la menthe 132, *133*
velouté de poulet 25
curry
biryani au poulet 60
curry de poulet à la thaïlandaise 106, *107*
curry de poulet malais 109
curry express au poulet 108
poulet du jubilé 45

D
dattes, brochettes marocaines aux dattes et au bacon 95
découper un poulet *8-9*
découpes 9-10
coq au vin 128, *129*
poulet à l'orge et aux légumes racines 136
poulet à la crème et au vinaigre 85
poulet à la jamaïcaine 102
poulet à la ratatouille *134*, 135
poulet au chorizo, aux poivrons rouges et aux haricots beurre 138, *139*
poulet au saindoux 79
ragoût de pommes de terre aux oignons et au poulet 130
voir aussi blancs de poulet ; pilons ; cuisses ; ailes

E
enchiladas de poulet et guacamole 103
épinards
curry express au poulet 108
poulet sauté aux pommes de terre et aux épinards 86
roulés de phyllo au poulet, à la ricotta et aux épinards 122, *123*

F
fenouil, sauté de poulet au 84
fettuccine au poulet, aux lardons et aux champignons 48

foies 10
    bruschetta aux foies de poulet et à la confiture de piment *32*, 33
    foies de poulet à la *pancetta* et sauce aux oignons rouges *88*, 89
    gratin de foies de poulet au jambon de Parme *124*, 125
    pâté de foie de poulet 34
    risotto au foies de poulet, au bacon et à la ciboulette 55
    salade de foies de poulet aux pommes de terre et aux lardons 46
    terrine de pommes de terre aux foies de poulet et au jambon de Parme 30-31
fromage
    enchiladas de poulet et guacamole 103
    lasagnes au poulet 52
    poulet aux tomates confites au soleil et au fromage de chèvre *120*, 121
    roulés de phyllo au poulet, à la ricotta et aux épinards *122*, *123*
    salade de poulet à la feta, au romarin et au citron 38, *39*

G
germes de soja
    laksa de poulet 58, *59*
gratin de foies de poulet au jambon de Parme *124*, 125
guacamole, enchiladas de poulet et 103

H
hamburgers de poulet à l'ail et au romarin *76*, 77
haricots beurre
    cassoulet express au poulet 140
    poulet au chorizo, aux poivrons rouges et aux haricots beurre 138, *139*
haricots rouges, poulet à la mexicaine *104*, 105
huile d'olive
    poulet braisé à l'huile d'olive 141
    sauce vierge 20
huile pimentée 41

I - J
intoxications alimentaires 10
jambalaya 57
jambon de Parme
    gratins de foies de poulet au jambon de Parme *124*, 125
    saltimbocca au poulet *70*, 71
    terrine de pommes de terre aux foies de poulet et jambon de Parme 30-31

K
kebabs (brochettes)
    brochettes de poulet au sésame 96
    brochettes marocaines 95
    kebabs de poulet à la marjolaine et au citron 90
    satays de poulet sauce arachide 92, *93*
teriyaki au poulet 94

L
lardons *voir pancetta*
lasagnes au poulet 52
légumes
    poulet à l'orge et aux légumes racines 136

poulet au pot et feuilles de chou farcies 127

M
mayonnaise
    croquettes de poulet à la sauce verte 80
    poulet du jubilé 45
mélange d'épices malais 109
morilles, poulet aux 74, *75*
moules, paella *64*, 65

N
noix de cajou, poulet aux noix de cajou et à la sauce de haricots noirs 63

O
œufs, stracciatella (bouillon de poulet à l'italienne) 31
oignons
    curry de poulet malais 109
    marmelade aux oignons rouges 89
    poulet braisé aux poireaux et aux oignons caramélisés 131
orge, poulet à l'orge et aux légumes racines 136

P
paella *64*, 65
pain
    bruschetta aux foies de poulet et à la confiture de piment *32*, 33
    croûtons 40
    sauce au pain 116
pancetta et lardons
    cassoulet de poulet express 140
    foies de poulet à la *pancetta* et sauce aux oignons rouges *88*, 89
    jambalaya 57
    poulet aux courges et au bacon 82, *83*
    poulet sauté aux petits pois et aux lardons 68
    salade de foies de poulet aux pommes de terre et aux lardons 46
pâté de foie de poulet 34
pâtes au poulet grillé, aux courgettes et au parmesan 49
pâtes 47-53
pattes *voir* pilons ; cuisses
pesto 47
    poulet aux pennes, au pesto et à la roquette 47
poulet rôti au pesto, aux tomates et aux fèves *114*, 115
pilons 9-10, 13
piments
    bruschetta aux foies de poulet et à la confiture de piment *32*, 33
    curry de poulet malais 109
    huile pimentée 41
    laksa de poulet 58, *59*
    pâte de piment 105
poulet à la mexicaine *104*, 105
    vinaigrette au piment doux 36
plats en sauce *voir* ragoûts et plats en sauce
plats sautés
    poulet sauté aux petits pois et aux lardons 68
    poulet sauté à l'orientale 61

poireaux
    cock-a-leekie 26, 27
    poulet braisé aux poireaux et aux oignons caramélisés 131
poivrons
    poulet à l'italienne et salade de poivrons rôtis 35
    poulet à la ratatouille *134*, 135
    poulet au chorizo, aux poivrons rouges et aux haricots beurre 138, *139*
    poulet au paprika et aux poivrons rouges 87
    wontons au coulis de poivrons rouges *100*, 101
pommes de terre
    foies de poulet à la *pancetta* et sauce aux oignons rouges *88*, 89
    poulet rôti aux légumes 112-113
    poulet sauté aux pommes de terre et aux épinards 86
    ragoût de pommes de terre aux oignons et au poulet 130
    salade de foies de poulet aux pommes de terre et aux lardons 46
    terrine de pommes de terre aux foies de poulet et au jambon de Parme 30-31
pommes, poulet sauté aux pommes et au cidre 73
potiron, curry de poulet malais 109
poule au pot aux feuilles de chou farcies 127
poulet aux courges et au bacon 82, *83*
poulet à l'italienne et salade de poivrons rôtis 35
poulet à la jamaïcaine 102
poulet à la mexicaine *104*, 105
poulet à la ratatouille *134*, 135
poulet au paprika et aux poivrons rouges 87
poulet au poivre à la sauce whisky 72
poulet au safran et au gingembre 126
poulet aux brocolis, aux amandes et à l'orange 66, *67*
poulet aux câpres et aux pruneaux 137
poulet aux deux poivres 91
poulet aux noix de cajou et à la sauce de haricots noirs 63
poulet aux pennes, au pesto et à la roquette 47
poulet bang bang 42, *43*
poulet braisé aux poireaux et aux oignons caramélisés 131
poulet chow mein 62
poulet cuit froid
    fettuccine au poulet, aux lardons et aux champignons 48
    poulet aux pennes, au pesto et à la roquette 47
    poulet bang bang 42, *43*
    poulet du jubilé 45
    risotto au poulet et aux aromates 54
    riz basmati au poulet et aux aromates 56
    salade de poulet à la feta, au romarin et au citron 38, *39*
    soupe au poulet et aux nouilles soba 24
    velouté de poulet 25
poulet du jubilé 45
poulet en croûte aux aromates 113
poulet frit à l'aigre douce 110
poulet au saindoux 79
poulet fumé
    poulet fumé au thé et salsa à l'avocat 69

143

salade César au poulet fumé 40
poulet haché
    poulet à la bolognaise 53
    hamburgers de poulet à l'ail et au romarin
        76, 77
poulet nourri au maïs 7
poulet rôti
    poulet rôti à l'ail et au citron 119
    poulet rôti à la sauge et à la sauce au pain
        116, 117
    poulet rôti au pesto, aux tomates et aux
        fèves 114, 115
    poulet rôti aux abricots et à la menthe 118
    poulet rôti aux légumes 112-113
poulet sauté aux petits pois et aux lardons 68
poulet tandoori 99
poulets d'élevage biologique 6
poulets élevés en batterie 7
poulets entiers
    cock-a-leekie 26, 27
    poule au pot et feuilles de chou farcies 127
    poulet à l'italienne et salade de poivrons
        rôtis 35
    poulet au safran et au gingembre 126
    poulet tanddori 99
    salade de poulet à la feta, au romarin et au
        citron 38, 39
    voir aussi poulets rôtis
poulets fermiers 6-7
poulets nourris au maïs 7
pruneaux, poulet aux câpres et aux 137

R
ragoûts et plats en sauce
    cassoulet express au poulet 140
    coq au vin 128, 129
    poule au pot aux feuilles de chou farcies 127
    poulet à l'orge et aux légumes racines 136
    poulet à la ratatouille 134, 135
    poulet au chorizo, aux poivrons rouges et
        aux haricots beurre 138, 139
    poulet au paprika et aux poivrons rouges 87
    poulet aux câpres et aux pruneaux 137
    poulet braisé à l'huile d'olive 141
    poulet braisé aux poireaux et aux oignons

caramélisés 131
    ragoût de pommes de terre aux oignons et
        au poulet 130
    tajine de poulet aux abricots et à la menthe
        132, 133
riz
    biryani de poulet 60
    jambalaya 57
    paella 64, 65
    pilaf 90
    risotto au poulet et aux aromates 54
    risotto aux foies de poulet, au bacon et à la
        ciboulette 55
    riz basmati 56
roquette, poulet aux pennes, au pesto et à la
    47
roulés de phyllo au poulet, à la ricotta et aux
    épinards 122, 123

S
salades 35-46, 37
    poulet à l'italienne et salade de poivrons rôtis
        35
    poulet bang bang 42, 43
    salade César au poulet fumé 40
    salade chaude de cuisses de poulet 36
    salade de foies de poulet aux pommes de
        terre et aux lardons 46
    salade de poulet à la feta, au romarin et au
        citron 38, 39
    salade de poulet chaud au citron 41
salmonellose 10
salsa à l'avocat 69
saltimbocca au poulet 70, 71
sauces
    à l'aigre-douce 110
    arachide 92
    au pain 116
    au vin blanc et à la crème 17
    aux aubergines et aux tomates 78
    aux tomates rôties 50
    béarnaise 18
    coulis de poivrons rouges 101
    pesto 47
    tomate 13

vierge 20
    au vin rouge et aux échalotes 15
    aux oignons rouges 89
    barbecue 19
    blanche 16
saucisses
    cassoulet express 140
    poulet au chorizo, aux poivrons rouges et
        aux haricots beurre 138, 139
soupes 21-31
soupe au maïs et au poulet 22, 23
soupe épicée aux boulettes de poulet 28, 29
spaghetti, poulet à la bolognaise 53
strozzapreti au poulet et à la sauce tomate 50,
    51

T
tajine de poulet aux abricots et à la menthe
    132, 133
techniques de cuisson 12-13
terrine de pommes de terre aux foies de
    poulet et au jambon de Parme 30-31
teriyaki au poulet 94
tikka de poulet à la menthe et à la coriandre 98
tomates
    poulet aux tomates confites au soleil et au
        fromage de chèvre 120, 121
    poulet rôti au pesto, aux tomates et aux
        fèves 114, 115
    poulet sauté aux aubergines, aux tomates
        et au basilic 78
    sauce barbecue 19
    sauce tomate 13
    strozzapreti au poulet et à la sauce tomate
        50, 51

V - W
velouté de poulet 25
vin 10-11
    coq au vin 128, 129
    sauce au vin blanc et à la crème 17
    sauce au vin rouge et aux échalotes 15
vinaigre, poulet à la crème et au 85
vinaigrette au piment doux 36
whisky, poulet au poivre et à la sauce 72

Édition originale
Première édition publiée par BBC Worldwide
Ltd 2004
Titre original :
Nick Nairn's top 100 chicken recipes
Copyright © Nick Nairn 2004
Copyright © pour les photographies : BBC
Worldwide, pages 8 et 9 par Stephen Kearney
Tous droits réservés.

Édition française
Traduction : Marie-Claire Seewald
Adaptation et réalisation : Brigitte Brisse et
Thomas Winock

© 2004 Hachette Livre (Hachette Pratique)
pour la traduction française
ISBN : 201236831X
23-27-6831-4-01
Dépôt légal : mars 2004

Toute représentation ou reproduction, intégrale
ou partielle, faite sans le consentement de
l'auteur ou de ses ayants droit, ou ayant cause
est illicite (article L.122-4 du Code de la
Propriété Intellectuelle).

Imprimé à Singapour par Tien Wah Press

Remerciements :
L'éditeur tient à remercier Cécile Tarpinian
pour son aide précieuse.